essentials

essentials liefern aktuelles Wissen in konzentrierter Form. Die Essenz dessen, worauf es als „State-of-the-Art" in der gegenwärtigen Fachdiskussion oder in der Praxis ankommt. *essentials* informieren schnell, unkompliziert und verständlich

- als Einführung in ein aktuelles Thema aus Ihrem Fachgebiet
- als Einstieg in ein für Sie noch unbekanntes Themenfeld
- als Einblick, um zum Thema mitreden zu können

Die Bücher in elektronischer und gedruckter Form bringen das Expertenwissen von Springer-Fachautoren kompakt zur Darstellung. Sie sind besonders für die Nutzung als eBook auf Tablet-PCs, eBook-Readern und Smartphones geeignet. *essentials:* Wissensbausteine aus den Wirtschafts-, Sozial- und Geisteswissenschaften, aus Technik und Naturwissenschaften sowie aus Medizin, Psychologie und Gesundheitsberufen. Von renommierten Autoren aller Springer-Verlagsmarken.

Weitere Bände in der Reihe http://www.springer.com/series/13088

Stavros Arabatzis

Archäologie des Designs und Systematik der Designtheorien

Gebrauch des Unbrauchbaren

Stavros Arabatzis
Institut für Kunst & Kunsttheorie
Universität zu Köln
Köln, Nordrhein-Westfalen, Deutschland

ISSN 2197-6708 ISSN 2197-6716 (electronic)
essentials
ISBN 978-3-658-23455-3 ISBN 978-3-658-23456-0 (eBook)
https://doi.org/10.1007/978-3-658-23456-0

Die Deutsche Nationalbibliothek verzeichnet diese Publikation in der Deutschen Nationalbibliografie; detaillierte bibliografische Daten sind im Internet über http://dnb.d-nb.de abrufbar.

- Eine Archäologie des modernen Designs
- Eine Systematik der Designtheorie
- Eine Erweiterung des materiellen und individuell-kreativen Designs auf das Design der immateriellen und kollektiven Netzwerke
- Ein Konzept für Designresistenz und für einen neuen, kollektiven Gebrauch

Inhaltsverzeichnis

Einleitung 1

Dieses *essential* möchte weder eine Geschichte des Designs sein, noch sich auf das Designkonzept des modernen Industriezeitalters begrenzen. Vielmehr wird hier nach den Kräften des Designs gesucht, die dieses in seiner Geschichte bestimmen und immer weiter vorantreiben. Es basiert auf dem *essential Kunsttheorie* und will so etwas wie eine *Archäologie des Designs* sein und zugleich eine *Systematik der Designtheorien* leisten.

In diesem zweiten Teil beschäftigen wir uns mit dem Design als praktisches und *poietisches Vermögen* überhaupt, das allerdings auch gegen sich selbst arbeitet, sodass Design ebenso mit dem Verlust dessen einhergeht, was ich hier die *Resistenz des Designs* und den *Gebrauch* nenne. Design ist Teil der sozialen und gesellschaftlichen Praxis: die individuelle oder kollektive Gestaltung eines Produkts, ein Ausstellungs- und Inszenierungswert, ein materielles oder immaterielles Netzwerk, eine ästhetische Anziehungskraft, eine Kommunikationsform, ein Erscheinungsbild, eine Atmosphäre, ein Klangsystem, eine Mitmach-Politik, eine Imagination. Also: die „allumfassende Gestaltung unseres Lebens" (Brandes et al. 2009, S. 12), die ebenso das Design des Sozialen, das „Sozio-Design" (Brock 1977, S. 446) meint.

Design, wie es sich im Laufe des 19. Jahrhunderts herausbildet, war freilich in erster Linie die Gestaltung von Industrieprodukten und ist vor allem das Resultat der Arbeitsteilung, die auf die Menschen zurückschlägt und deren innere Verfassung bestimmt. Design meint daher nicht bloß die äußere Gestaltung der Welt als Raum physikalischer Realität, sondern ebenso die Gestaltung der sozialen, geistigen und psychopolitischen Realität, sodass innen und außen hier keine Gegensätze mehr bilden. Damit schlägt die moderne Ausdifferenzierung der Gesellschaft auch in Design sich nieder. Aber auch so, dass dies umgekehrt eine integrale Funktion der Vergesellschaftung übernimmt, weil es die Gestaltung

© Springer Fachmedien Wiesbaden GmbH, ein Teil von Springer Nature 2019
S. Arabatzis, *Archäologie des Designs und Systematik der Designtheorien*,
essentials, https://doi.org/10.1007/978-3-658-23456-0_1 1

unserer Lebensformen, Werthaltungen, Wünsche, Bedürfnisse, Gesten, Körper oder unserer Psyche organisiert. Das heißt, Design macht uns zu modernen Subjekten, die an sozialpoietischen Praktiken teilnehmen, indem wir eine
moderne *allgemeine Form* verwirklichen. Aber darin tritt Design nicht bloß
modern, innovativ, entzaubert, frei und *selbstbestimmt,* sondern ebenso magisch,
kultisch, mythisch, archaisch, zwanghaft und *fremdbestimmt* auf. Ein allgemeiner Sozialisationszwang, wo in der *Mitte* des Designs von Anfang an ein
Konflikt herrscht, und der heute im Kampf um Aufmerksamkeit oder in einem
süchtig-sehnsüchtigen Drängen (innen) nach Erneuerung sich ausdrückt: die permanente Selbsterneuerung des Designs als das bereits Unbrauchbare, Verbrauchte
und Abgenutzte selbst. Das heißt, sobald Design als bloßes poietisches Vermögen
und damit als glorreicher Glanz des ökonomischen Paradigmas auftritt wird es
nutzlos und damit seines *Gebrauchs* beraubt. Denn Design ist heute nicht nur ein
Mittel, Instrument oder Werkzeug, das eine dienende Funktion erfüllt. Wesentlich
als diese Mittel- und Werkzeugfunktion des Designs ist vielmehr die *Beschlagnahme* und Neutralisierung des gestalterischen Mittels (Organon, Instrument,
Werkzeug) durch eine imperative Vorrichtung, die in der paradoxen *Designmitte*
den Zweck hat, Design als eines des *Gebrauchs,* der *Freiheit,* des *Sozialen* oder
des *Humanen* zu verhindern.

Wie wir bereits im ersten *essential (Kunsttheorie)* gezeigt haben, weisen soziale Praxis (πρᾶξις) und poietisches Vermögen (ποίησις) im globalen Zeitalter der digital-vernetzten Herstellbarkeit auf eine Fremdbestimmung
zurück, die mit dem *Ursprung der Praxis* und dem „poietischen Vermögen"
(Aristoteles) zusammenhängt. Damit ist nicht nur die alte Differenz zwischen
Hochkultur (autonomes Kunstwerk) und Massenkunst (kommerzieller Erfolg)
entfallen, sondern auch die Differenz zwischen Kunst- und Designpraxis. Denn
während die Moderne noch zwischen Kunst (der Stellvertreter einer vom Nützlichen befreiten Welt) und Design (utilitaristischer Konsum) zu unterscheiden
suchte, ist diese Differenz in einer ebenso kultisch gewordenen „Siegerkunst"
(W. Ullrich) inzwischen entfallen, wo die Priorität der *Begehung* (Ritualität), vor
Argument, Wissen und *Erzählung* herrscht. Design weist also nicht nur auf Kunst,
sondern ebenso auf die archäologischen Schichten des poietischen Vermögens
und der sozialen Praxis zurück. Damit sind auch die modernen und *selbstbestimmten* Designformen durch die ursprünglichen, imperativen Mächten *fremdbestimmt:* der Weltentwurf[1] als allgemeiner Sozialisationszwang. Eine hyperreale,

---

[1]Daher muss „Eine politische Designtheorie" (vgl. hierzu: Borries von 2016) viel tiefer
archäologisch graben, um den modernen Imperativen des Schöpferischen halbwegs habhaft
zu werden.

immaterielle und hyperkulturelle Designgestalt, wo die Immaterialität der Dinge (Ausstellungs-, Inszenierungs-, Aufmerksamkeitswert) ihre Materialität bestimmt. Dergestalt, dass heute der individuelle und kollektive Designer nicht mehr die Materialität (Industriezeitalter), sondern zunehmend *die Immaterialität der Dinge designt.* Und zwar so, dass mit dieser zunehmenden Abstraktion Macht, Zwang und Beherrschung immer direkter werden. Dem modernen Design liegen also ursprünglich-wirkende, imperative Kräfte (magische, mythische, theologische) zugrunde, die als sozial vorgegebene allgemeine Formen die einzelnen Dinge bestimmen, während die Designer in ihrer poietischen oder technisch-wissenschaftlichen Praxis glauben, dass sie selbst die Dinge bestimmen und frei entwerfen.

Design erschöpft sich freilich nicht bloß in dieser sozialen Praxis und im bloßen poietischen Vermögen, vielmehr kennt es auch den *Designwiderstand,* der den Lauf der fremdbestimmten Designmaschine *deaktiviert* und außer Kraft setzt. Wenn das Hauptprodukt der globalen Designmaschine heute die anwachsenden Müll- und Datenberge sind (materielle wie immaterielle), wo ein planetarischer *Un*welt-Schöpfer kollektiv-vernetzt agiert, um dabei das Nutzlose und schädliche Design (ökologisch, wirtschaftlich, psychisch, sozial, epistemisch, geistig, affektiv, politisch) global zu vermehren. Dann meint *Designwiderstand* nichts anderes als den neuen, möglichen *Gebrauch des Nutzlosen,* wo die universellen Designmüllberge und Datendeponien zugleich als *Dunk* für eine neue, *an-archische* Praxis (ohne Herrschaft) *benutzt* werden können. Insofern geht heute jeder Designtheorie und -praxis eine Frage voran: Wie weit kann Design das Soziale zum ‚guten Design‘ einer kommenden Gesellschaft hin *verändern?* – und nicht umgekehrt, wie weit hier das ökonomisierte, *enthistorisierte* und *entpolitisierte* Design das Soziale, die Gesellschaft und den Designer (individuellen wie kollektiven) selbst verändern. Verändern heißt hier für uns nichts anderes, als das heute *nutzlose* Design (eine verkehrt wirkende Kraft im poietischen Vermögen selbst) für einen neuen, möglichen Gebrauch wieder *nützlich* machen. Und zwar auf der erhöhten historischen Stufenleiter des ausdifferenzierten, hyperrealen und hyperkulturellen Designs, sodass hier mit der *Archäologie des Designs* nicht etwa das regressive, sondern das progressiv-emanzipatorische Zukunftsbild des Designs als ‚gute Gestalt‘ und wirkliche Veränderung gemeint ist. Unsere These lautet daher: Design (als *praxis* und *poiesis,* als herstellendes und produktives Hervorbringen) ist den archischen, imperativen Mächten entsprungen (magische, mythische, theologische) und schlägt in der weltweit gewordenen Polis in den alten imperativen Mächten zurück. Gerade darin zeugt es aber auch von der Zweideutigkeit des menschlich eingerichteten Hauses *(oikos),* das gleichermaßen Ursprung des Konflikts und der Unbewohnbarkeit (heute als globales oder als heimatliches

Design) wie Paradigma der Wohnung und des neuen Gebrauchs ist. Design meint also nicht bloß die *Polis* (die Stadt, das Design der globalisierten Polis), vielmehr zuletzt auch das gemeinsame, ‚gut eingerichtete Haus' *(Oikos),* das freilich für den Menschen nur bewohnbar ist, wenn der ‚Designer' vorher den alten Gebrauch des Designs entschärft, ihn unwirksam macht und damit im Design die *Verweigerung des Gebrauchs* beendet.

Wir verzichten hier sowohl auf das Design der Schrift, wie auf Abbildungen zur Illustration unseres Textes – wo in Wirklichkeit nur die Flucht ins andere Medium ergriffen wird, um durch den glorreichen Glanz des Erscheinungsbildes den Gebrauch entleert zur Schau zu stellen. Vielmehr ist es hier gerade unserer Text – freilich auch selbst morsch und von den archischen Imperativen kontaminiert –, der nichts anderes sein will als eine Illustration des Designs, indem dies nämlich wieder als etwas Brauchbares *inmitten* des nutzlosen Designs ausgestellt wird.

Unter Design versteht man gewöhnlich ein gestalterisches Konzept, das im Laufe des 19. Jahrhunderts entstanden ist (etwa in der *Arts-and-Crafts-Bewegung*) und mit der Epoche des Industriekapitalismus zusammenhängt. Es ist die Gestaltung der industriellen Produkte, die im 20. Jahrhundert konstruktivistisch verfeinert (so etwa im *Werkbund* oder *Bauhaus*), später mit dem Konzept der Kommunikation zusammengeführt, um schließlich im 21. Jahrhundert auf das Design der immateriellen Netzwerke einer kollektiven und instrumentell-poietischen Intelligenz überzugehen. Wir haben es hier also mit einem modernen Phänomen zu tun. Wozu dann aber eine Genealogie des Designs, die auf uralte schöpferische Schichten zurückgreift, um sie dann mit der modernen poietischen Praxis zu verschränken? Unsere erste Antwort lautet: Weil das moderne und hypermoderne Design auf eine ursprüngliche, archische Praxis und Poiesis zurückweist. Bloß weil die moderne Form des Designs den archischen (magischen, mythischen und theologischen) Pol der Schöpfung atheistisch oder entzaubert (Max Weber) außer Kraft gesetzt haben soll, hat sich das daraus hervorgehende Designparadigma deshalb schon lange nicht von seinem archisch-imperativen Pol befreit. Ganz im Gegenteil: Indem das neue Design eine von seinem imperativen Ursprung getrennte Souveränität sich modern (instrumentell-technisch) oder postmodern (ästhetisch, poietisch) aneignet, hat es als poietisches Vermögen in Wirklichkeit nichts anderes gemacht, als das Projekt der ursprünglichen, imperativen Kräfte (magische, mythische und theologische) immanent voll zu entfalten. Diese *oiko-nomia* des Wirkens, des Ausdrucks und des poietischen Vermögens (als lineares oder komplexes temporales Fortschrittsnarrativ der Moderne) ist daher nicht bloß das technische „Ge-stell", das Heidegger ontologisch als das „Wesen der Technik" bestimmt: „Ge-Stell nennt das aus sich gesammelte universale Bestellen der vollständigen Bestellbarkeit des Anwesenden im Ganzen." (Heidegger 1994, S. 32). Vielmehr ist dieses Wesen vor allem *ontisch* bestimmt und meint den

© Springer Fachmedien Wiesbaden GmbH, ein Teil von Springer Nature 2019   5
S. Arabatzis, *Archäologie des Designs und Systematik der Designtheorien,*
essentials, https://doi.org/10.1007/978-3-658-23456-0_2

allgemeinen Sozialisationszwang, wo ein glorreiches Design im Dienste der ökonomischen Macht steht. Dergestalt, dass die ontologische Differenz allein das ontisch-ontologische Designdispositiv bildet. Eine monarchische Designmaschine (innovativ-veränderndes Design), die in ihrem Lauf ihrerseits durch ein polyarchisches Design (konservativ-bewahrendes) mythisch stabilisiert wird. Deswegen geht es hier nicht mehr um die ontologische Alternative *Design* (Modernität) oder *Sein* (Bindung, Tradition), sondern um das ursprünglich-imperative Prinzip, das in der immanenten Gestaltung weiterwirkt: ‚Gestalte!' Damit ist auch jene moderne, künstlerische „Antithese von Nutzen und Nutzlosigkeit"[1] im neuen Designdispositiv des Marktkults verschwunden. Ebenso entfällt dann auch der „protest gegen kunst als selbstgenuss und intellektueller narzissmus" (Aicher 1989, S. 9). Es ist die *indifferente Mitte des Designs* (das innigste Geheimnis der planetarischen Designmaschine), wo es dann nicht mehr aktuell ist, da es gerade in seiner Aktualität den Gebrauch verweigert.

Freilich geht es hier nicht darum, Design zu denunzieren, vielmehr fragen wir nach der Funktion dieser instrumentellen, sozialen, poietischen, kommunikativ-sprachlichen, sensualistischen und konsumistischen Designmaschine. Warum heute die poietische Praxis des planetarischen Um(Un) welt-Schöpfers *Design* als ein kollektiv-gemeinschaftliches Gestaltungsparadigma blockiert? Wir fragen danach, was die globale Designvorrichtung am Laufen hält und warum ihre rastlose, hyperkulturelle und hyperreale Aktivität zugleich auf eine uralte, imperative schöpferische Welterschließung genealogisch zurückweist. Wir fragen, was die globale Designmaschine in ihrem hyperkulturellen und hypertextuellen Hier- und Überallsein zusammenhält. Und was andererseits die lokalen, ethnischen oder kulturalistischen Muster[2] – als Reaktion – konkret bedeuten. Wie hier universelles und kulturalistisches Design in der Sache miteinander zusammenhängen? Weshalb stärken die globalen Orientierungs- und Identitätsstifter (Weltmarken, Codes, Hypertexte etc.) die alten symbolischen Bindungen und Muster (Ethnie, Abstammung, Familie, Heimat etc.), anstatt sie modernistisch

---

[1]„Die raison d'être aller autonomen Kunst seit der Frühzeit der bürgerlichen Ära ist, daß einzig das Unnütze einsteht für das, was einmal das Nützliche wäre, der glückliche Gebrauch, Kontrast mit den Dingen jenseits der Antithese von Nutzen und Nutzlosigkeit" (Adorno 1977, S. 392). Wenn aber das „Unnütze" selbst in die poietische Maschine der Kapitale eingewandert ist, dann ist nicht nur das „Unnütze" der Kunst, sondern ebenso die „bessere Praxis" der Gesellschaft kontaminiert.

[2]Die Neuauflage der Kulturphilosophie, die in der Tradition eines Vico, Herder, Ranke oder Cassirer zu sprechen meint, verfängt sich in die „Positivität der kulturellen Tatsachen" (Vgl. Konnesmann 2003), da sie diese kulturellen Positivitäten in ihrer Leere nicht ganz begreift.

zu schwächen? Warum sind sie heute „das Vitamin" (Debray), anstatt bloß ein irrationaler Rest zu sein, der von der Rationalität kontinuierlich beseitigt wird? Und schließlich: Gibt es außer dem *alten Gebrauch* auch noch einen *anderen, neuen, möglichen und kollektiven Gebrauch,* der nicht im *Designdispositiv* einfach verschwindet, vielmehr von diesem auch befreit, um als neuer kollektiver, anarchische Gebrauch und gemeinsame Lebensform der *Idee* des Designs zu dienen?

Das sind hier einige Fragen, mit denen sich heute Design in einem engen und erweiterten Sinn befassen muss, will es sich wieder sozial, psychisch und politisch als ‚nützlich' erweisen und sich nicht mehr dem Marktkult oder der bloßen Zurschaustellung unterwerfen. Insofern umkreist Design *zwei gegensätzliche Gravitationsfelder:* Das eine weist auf den hypermodernen Ausstellungswert, auf den Konsum, auf die immateriellen Netzwerke hin. Design hat alles so miteinander verbunden, dass es inzwischen keine Um- und Inwelt (Stichwort: Biodesign) mehr gibt, weil das System, die Struktur oder die Psychopolitik überall sind. Dieses planetarische Design bedeutet die grenzenlose Durchdringung der Welt, die auf Ökonomie, Wissenschaft, Technologie und Politik basiert. Ein Design, das den Planeten Erde sowie das menschliche Leben von ihrer jeweils begrenzten, kulturhistorischen, ethnischen, mythischen und theologischen zu einer kosmischen Gestalt aufhebt, dabei aber auch an den alten Mächten kleben bleibt. Denn die wichtigste Veränderung im *Designozän* (nicht Anthropozän, das eine mythische Figur beschreibt), oder besser im *Eschatozän* (die Säkularisierung der Eschatologie in Praxis und Poiesis) ist, dass die Umwelt und der Designer selbst Teil eines einzigen verwalteten globalen Systems geworden sind. Aber dies ist eben auch das moderne System von Praxis und Poiesis, das seinerseits auf archäologische Schichten zurückweist: das *moderne Wirken* auf das anfängliche *göttliche Wirken* (als magisches, mythisches oder theologisches). Denn die *archē* der *poiesis* bedeutet zweierlei: *Beginn der Schöpfung* und *Herrschaft der Schöpfung* zugleich.

Das andere Gravitationsfeld meint die gestalterische *Widerstandskraft* des Designs, die gegen die rasende Designmaschine des planetarischen Unwelt-Schöpfers angeht, um sie zu deaktivieren. Insofern meint ‚gutes Design' nichts anderes als *Resistenz,* den Widerstand und die *Aufhebung des unschöpferischen und zerstörerischen Designprinzips.* Denn wenn die *indifferente Mitte* des Designs heute die *Verweigung des Gebrauchs* ist, dann meint *Designwiderstand* die andere Seite des Designs und zielt auf den neuen, kollektiven Gebrauch der Dinge. Es geht um die Entschärfung des autopoietischen Designparadigmas, um in der *(a)sozialen Mitte* des Designs die Mittel (Werkzeuge und auch der Mensch selbst) für einen neuen, sozialen, *an-archischen Gebrauch* ‚dialektisch' zu *bewahren* – nicht einfach zu vernichten. Gerade die *archäologische Absicherung* des Designs erlaubt uns also dies von seiner *Beschlagnahme* durch die universalistisch-progressiven (der Zukunftsgott der Kapitale) und kulturalistisch-regressiven (die mythischen Götter der Gegenaufklärung) Imperative zu befreien. Damit aber auch das heute *universell nutzlose* Design (worin auch die bürgerliche Kunst verschwunden ist) paradox wieder *nützlich* zu machen. Konkret heißt dies: die überflüssige Produktion nutzloser Designmüllberge und Datendeponien der *globalen Unkultur* im Gegenzug praktisch wie theoretisch *verringern,* sie schließlich als kulturellen ,Abfall' – vormals eine theologische Kategorie, die inzwischen in den Bereich der Ökologie verschoben wurde – für einen *neuen Gebrauch wieder nützlich machen.* Design als Resistenz („Befehl gegen Befehl"; Deleuze) soll also nicht „unablässig zusätzliche Dinge in die Welt bringen, die man nicht braucht", sondern die „Dinge, die man nicht braucht, aus der Welt schaffen" (Welzer 2012, S. 11). Was man hier allerdings nicht braucht ist die imperative Verweigerung des Gebrauchs, sodass die Design-Askese auf die anwachsenden Designmüllberge und Datendeponien des planetarischen Unwelt-Schöpfers selbst angewandt wird.

Design meint daher nicht die lähmende Zukunft, wo es außer Zurschaustellung, Konsum, Netzwerk, geplante Obsoleszenz, Zwang zum Neuen oder zum Kreativen nichts mehr zu bieten hat – oder seine reaktionäre Überbietung. Vielmehr steht hier gerade das nutzlose Design, als *Mitte* des *Designdispositivs,* für den neuen Gebrauch ein. Deshalb sind wir zutiefst überzeugt – in der Tradition eines Michel Foucault –, dass nur eine Archäologie des Designs uns den *Zugang zur Zukunft des Designs* wieder ermöglicht. Eine, die weder das hypermoderne Design, noch die alten, heidnisch-mythischen Muster verabsolutiert oder neuheidnisch regressiv beschwört, sondern den Lauf der Gestaltung zurückverfolgt und den Schatten des Schöpferischen, den das neueste Design auf die Vergangenheit wirft, auf der Spur bleibt. Anders als das immerwährende neue und innovative oder das konservativ-bewahrende Design, das im Dienst der alten monarchischen (Marktkult, globales System) und polyarchischen (die bindenden Formen der Tradition) Mächte steht, erweist sich ,gutes Design' als eine *Praxis der Resistenz.* Und diese meint nichts anderes als die *Nullifizierung des poietischen Vermögens als Aufhebung des alten Gebrauchs* und damit den *Beginn eines neuen, möglichen Gebrauchs.* Insofern ist der wesenhafte Mensch nicht nur ein vom Sein gebrauchter (Heidegger), sondern auch ein *anarchisch* brauchender. Wirklich aktuell wird Design, so unsere These, wenn es als bloße soziale Praxis und poietisches Vermögen ganz *ausgedient* hat. Während dieses *Ausgedientsein* des Designs zugleich das Tor zu einem neuen, kollektiv-*anarchischen* Gebrauch wieder eröffnet. Es ist die paradoxe Situation eines Designs, das sich dazu entscheiden muss, *wozu es dienen soll* – und heute sich offenbar dazu entschieden hat, *den archischen Mächten zu dienen,* deren Zweck es ist, den *Gebrauch der Dinge im Design unmöglich zu machen.* Damit zielt alle *Designkompetenz,* sofern sie nicht bloß mit der ständigen Produktion von überflüssigen Designmüllbergen und Datendeponien beschäftigt ist, nicht auf die *Unmöglichkeit des Gebrauchs,* vielmehr auf die *Abschaffung des versagenden, vernichtenden, verschuldenden, gespenstischen und aussaugenden Prinzips.* Gutes Design meint die Freiheit *vom* (a)sozialen Design, *um des sozialen, an-archischen Designs willen.* Es ist das *gestalterische Paradigma* einer kommenden Gemeinschaft, das nicht als bloße Kreativität und ‚natürliche Kultur‘ in den Netzwerken sozial verrottet, sondern für die Untiefen der ‚Natur‘ wie für die Höhen der ‚Kultur‘ steht.

Design im zeitgenössischen Kontext 3

In einem strengen und engeren Sinn formiert sich der Begriff *Design* erst mit dem Beginn der ‚Industriellen Revolution‘, weil hier erstmals eine Serienfertigung im Rahmen der industriellen Produktion stattfindet. Es waren industrielle Formen und Produkte, die freilich mit dem traditionellen Handwerk auch kollidierten, bis diese Probleme schließlich im *Deutschen Werkbund* oder im *Bauhaus* modern gelöst werden sollten. Allerdings auch so, dass die Komplexität der Designprobleme umgekehrt zunahm, sodass der Designer nicht mehr einfach auf das alte Modell des Handwerks (mit Meister, Geselle und Lehrling), oder auf das Modell der Kunst (die schöpferische Geste) zurückgreifen konnte. Eine ausdifferenzierte Komplexität des Designs, die aber auch umgekehrt nach einer integrativen Kompetenz verlangte, da wir es hier mit der „allumfassende(n) Gestaltung unseres Lebens" zu tun haben. „Denn die vor allem in der zweiten Hälfte des 19. Jahrhunderts entwickelten Spezialisierungen entpuppten sich zunehmend als unfähig, die vernetzten Realitäten unserer Zeit zu verstehen und darin zu handeln (‚Spezialisten sind Sklaven‘, schrieb schon vor etwa fünfzig Jahren der amerikanische Theoretiker, Ingenieur, Architekt und Designer Buckminster Fuller)" (Brandes et al. 2009, S. 12 f. und 20).

Dieses moderne Verständnis, das ästhetische, gesellschaftliche, soziale, ökonomische, technisch-wissenschaftliche, ökologische und kulturelle Faktoren miteinander verbindet, verlangt aber auch umgekehrt nach einer Dialektik und Genealogie des Designs, die nicht Zeit und Raum im Namen des Neuesten oder der Forschung einfach überfliegt. Vielmehr analysierend und deutend am historisch-gesellschaftlichen, mythologischen und theologischen Gestaltungsprozess sich abarbeitet, um darin feste Bodenhaftung zu gewinnen. Es ist die Verschränkung von Design und Designtheorie, die einerseits auf das historische Werden und Gewordensein des Designs hinweist, andererseits aber

© Springer Fachmedien Wiesbaden GmbH, ein Teil von Springer Nature 2019 11
S. Arabatzis, *Archäologie des Designs und Systematik der Designtheorien,*
essentials, https://doi.org/10.1007/978-3-658-23456-0_3

auch die Genealogie des poietischen Vermögens auf den Ursprung des Schöpferischen zurückverfolgt. So sind die neuen Wandlungen und Ausdifferenzierungen des Designs nicht bloß sein radikal neues, ästhetisch-poietisches Gewand, vielmehr seine historisch angewachsene Haut – die freilich ebenso auf archische Zusammenhänge hinweist. Denn noch nie war Design so sehr ein Teil des ökonomischen Prozesses wie heute: Eine der vielen Formen des Kapitals; als Aufmerksamkeitsfang, Inszenierung, Ware, Bild, Prominenz, Wahrnehmung, Ausstellung, Kommunikation, Mitmach-Politik, Mitmach-Technologie. Noch nie war Design nicht so sehr bloßes Mittel und oberflächlicher Glanz, sondern vor allem eine doxologische Mitmach-Praxis, wo der Designer (individueller oder kollektiver) die ökonomische Macht verherrlicht. Eine sozial-vernetzte Designform, die ihre vormals industriell-dingliche Form zugunsten der immateriellen Netzwerke und einer instrumentell-poietischen Intelligenz verlassen hat. Dergestalt, dass diese ‚immaterielle‘ Designtransformation mit dem Marxschen Gegensatz von „Tauschwert“ und „Gebrauchswert“ nicht mehr beschrieben werden kann. Zwischen den beiden haben sich nämlich der „Ausstellungswert“ (Benjamin), das Wahrzeichen, der Konsum oder die immateriellen Netzwerke geschoben, die dann auch als kollektive Intelligenz des „General Intellect“ identifiziert wurden: „Das heißt: Ich bin außerhalb meines Verhältnisses zum Kapital produktiv, und der Strom des kognitiven und gesellschaftlichen Kapitals hat nichts mehr zu tun mit dem Kapital als der ‚dinglichen‘ Struktur in den Händen der Unternehmer.“ (Negri 2009, S. 151 f.).

Die „dingliche“ Struktur des industriell-kapitalistischen Sozialdesigns soll sich in solchen immateriellen und kognitiven Verfahren des „General Intellect“ *verflüssigt* haben, sodass der Ort der alten Kapital-Unternehmer-Macht nicht mehr von den dinglichen Identitätsstrukturen besetzt werden kann. Aber sind in diesen beweglichen, vernetzten und verflüssigten Designstrukturen wirklich auch die alten Mächte und Zwänge verschwunden? Gewiss bewegen wir uns heute außerhalb unseres Verhältnisses zur alten, ‚dinglichen‘ Form des Kapitals produktiv, da wir nun auch immateriell tätig und selber Besitzer unseres eigenen PCs sind. Innerhalb des alten Rahmens (Unternehmer/Arbeiter) ist ‚Ausbeutung‘ im klassischen marxistischen Sinn in der Tat nicht mehr möglich. Aber deswegen hat ‚Ausbeutung‘ keineswegs aufgehört zu existieren, und ebenso wenig sind die Monopole (Google, Amazon, Facebook) in den informellen Verhältnissen verschwunden. Vielmehr nimmt heute ‚Ausbeutung‘ eine neue, ästhetische, soziale, neurophysiologische, ökonomische, digitale und psychopolitische Form an. Es sind die neuen collaborative commons, die Produktions- und Verwertungsmodelle, die den bürgerlichen Privatbesitz und den Markt in seiner alten Form überwinden. In diesen neuen, digital-vernetzten Informations-, Kommunikations- und

Produktionsprozessen speisen die einzelnen Individuen nun ihre materiellen und immateriellen Produkte (Daten) scheinbar gratis in den Kreislauf ein. Es handelt sich um eine pseudo-emanzipatorische Dimension des Informationszeitalters, die man vor allem im Kontext der Entstehung des sogenannten ‚Internets der Dinge' (Internet of Things) verorten muss. Ein hyperreales und hyperkulturelles Netzwerk, das nicht nur die Hardware und Software (Apparate, Autos, Transportmittel, Gebäude, Objekte, Elektronik, Sensoren, Antriebselemente) oder die instrumentellen Netzwerkverbindungen zwischen ihnen meint, mit denen alle diese Dinge ausgestattet werden sollen; etwas, dass die Objekte befähigt, Daten zu speichern, auszutauschen und neu zu generieren, also Objekte über die jeweils existierenden Netzwerkstrukturen sensorisch aufzuspüren und fernzusteuern. Vielmehr ist hier, über diese instrumentelle Integration der physischen Welt in computerbasierten Systemen (wodurch eine Effizienzsteigerung, Optimierung, Fehlervermeidung und wirtschaftlicher Profit erwächst), auch noch die Integration der Affekte, der Poiesis, der Aisthesis, der Sensualität und des Neurophysiologischen gemeint. Etwas, wodurch dann im Raum des Sozialen eine digitale, privatökonomische und nationalstaatliche Psychopolitik des sozialen Verhaltens der Massen sich bemächtigt, um ihr Verhalten und ihr produktives Design zu kontrollieren, zu manipulieren und zu steuern. Das heißt, Trägermedium und immaterielles Netzwerk sind hier von den psychopolitischen Dispositiven beschlagnahmt worden. Dass das ‚Internet der Dinge' mit Sensoren und Aktoren ausgestattet wird, um ein hyperphysisches System zu bilden, heißt hier also, dass dieses cyber-design (aus intelligenten Dingen, Häusern, Stromnetzen, Transportmitteln, Autos oder Städten) nicht bloß das Design einer hyperentwickelten *instrumentellen* Intelligenz abgibt – eine, die einmal als „rechnendes Denken" (Heidegger) oder als „instrumentelle Vernunft" (Adorno) kritisiert wurde und heute wieder ästhetisch-romantisch als „technologisches Regime" (Mersch) kritisiert wird. Vielmehr die allumfassende Designmaschine der voll entwickelten *instrumentell-poietischen* Intelligenz abgibt.

Dass alles um uns herum gestaltet und somit Ausdruck von Design sei, möchten wir daher dahin gehend ergänzen, dass heute auch unser eigenes Selbst designt wird, wie es etwa die neuen Biotechnologien bezeugen, die ein neues invasives Designfeld in unseren Genen entdeckt haben. Damit weist der *äußere* Gegenstand ‚Design' ebenso auf ein *inneres,* neurophysiologisches, psychosoziales und anthropologisches Designfeld hin, das durch den Druck des äußeren Zivilisationsdesigns komplementär in Innern des Menschen Gestalt annimmt. Das heißt, äußeres und inneres Design bedingen sich hier gegenseitig. Ein sozialer, kollektiv-kreativer Gesamtakteur, der gerade durch sein poietisches Vermögen eine *sozial vorgegebene allgemeine Zwangsform verwirklicht.* Denn von jenen instrumentell-poietischen, kollektiv-vernetzten Apparaten und intelligenten Systemen wird erwartet, dass sie uns zu intelligenten Subjekten machen, die erfolgreich an sozialen Praktiken teilnehmen, indem wir deren allgemeine cyber-physische Form reproduzieren. Damit ist hier aber jedes poietisches Vermögen das Vermögen der *Wiederholung einer allgemeinen Struktur,* die uns mithilfe digitaler Steuerung subtil überwacht, kontrolliert, affektiv erregt und psychosozial steuert.

Hier vermischen sich also technologische Utopien mit den sozialen, sodass der Verlust des Sozialen als technologischer Gewinn verbucht wird. Das hyperreale Netzwerk-Design erscheint so nur auf der Seite der technologischen Utopien: innermenschlich-physisch, in den Apparaten und Implantaten aller Art, etwa zur Überwachung des Blutdrucks, des Herzens, als Biochip-Transponder, als DNA-Analyse-Gerät, als Überwachung von Lebensmitteln, Krankheitserregern, oder als neuronales Netzwerk im Modus einer ständigen Sender-Empfänger-Bereitschaft. Der Mensch fungiert hier als Ressource und *Data Mining* eines individuellen und kollektiven Bewussten oder Unbewussten. Damit wird er zwar nicht mehr wie im Mittelalter zum „Handwerker im Dienste Gottes", wohl aber zum ‚vernetzten Trägermedium', das im Dienste eines technisch-ontologischen und ökonomisch-theologischen Designdispositivs steht, und das darin immer zugleich national-rechtlich umrahmt wird. Wie andere Dinge werden so auch ihre Träger zu den ‚sendenden und empfangenden Dingen', deren Zustände und Aktivitäten mit und ohne ihr Wissen kontinuierlich aufgezeichnet, bewahrt, übertragen und zugleich vom *formierenden* sozialen Akteur immer neu formatiert wird. Dies sind dann zwar willkommene Apparate, die das biologische Leben zwar verlängern und die physische Verfassung des Menschen vielleicht ‚verbessern' helfen. Aber nur, wenn aus dieser Gleichung der Verlust des sozialen Bandes, die neurophysiologischen, geistigen und psychischen Verwüstungen (wo Stress, Angst, Depressionen, Burn-out, Schizophrenie, Psychosen und psychische Störungen herrschen) abgezogen werden – das wäre dann auch die Differenz zum psychopolitischen *‚Design' der sogenannten dritten Welt,* das vielmehr eine *Hoffnungskultur* darstellt, d. h., dort hofft man den nächsten Tag doch noch zu erleben und bildet einen Willen aus diesen auch zu erreichen; während das psychopolitische *Design der westlichen Welt* durch eine *Kultur des Hoffnungslosen* charakterisiert ist. Insofern hat Alain Badiou recht, wenn er sagt, dass die Hauptfunktion der westlichen Ideologie heute darin besteht, die „Hoffnung zu zerstören" und jedes kritische Projekt als eine totalitaristische Einbahnstraße zu denunzieren, die bekanntlich in den Gulag endet.

Damit liegt das Designproblem weder im Individuellen noch im Kollektiven, sondern in einem paradoxen Dazwischen. Dergestalt, dass hier die *Mitte* des Designs genau das ist, was zwar in Geschichte, Zeit und Raum gestalterisch und performativ wirkt, aber in den neuen, gestalterischen Zeit- und Raumverdichtungen auch eine unsichtbare und ungreifbare Macht darstellt. Dass Unsichtbarkeit im Design immer eine größere Rolle spielt, hängt aber nicht bloß mit der Software, sondern vor allem mit den neuen technischen, ökonomischen und politischen Zeitverdichtungen zusammen, die in medial disponierten Lebenswelten eindringen, um diese in ihrer Bewegung zu beschlagnahmen. Sichtbar werden hier nämlich einzig die Effekte zeitlicher Abläufe, nicht aber die Abläufe selbst – so etwa, wenn im Hochfrequenzhandel an der Börse zwischen Order und Verkauf nicht mehr wahrnehmbare Intervalle liegen. Das heißt, je abstrakter die rasende Kapitalmaschine wird, desto direkter und unmittelbarer wird auch ihre Macht. Die abstrakten, immateriellen Designprodukte (auch Finanzprodukte), die immer unfassbarer werden, gehen uns in der jeweiligen konkreten Situation immer mehr an die Gurgel. Und diese Produkte oder die immateriellen Netzwerke werden nicht nur immer abstrakter, sondern auch immer mehr. Sie breiten sich global unendlich aus, wachsen dabei exponentiell, um sich zugleich in den unsichtbaren Datendeponien unendlich zu verdichten, oder sie türmen sich eben als Hardware in den elektronischen Müllhalden dieser Welt hoch. Dann aber hängt auch das unsichtbare Design mit der Unsichtbarkeit des *technisch-ontologischen und ökonomisch-theologischen Dispositivs* zusammen, an dem freilich heute keine Designtheorie mehr herankommt, weil sie ihrerseits von den imperativen Designmächten formatiert wird. Man könnte dieses technisch und ökonomisch ungreifbare Designphänomen, weder Identifizierbare noch Kritisierbare mit der *différance* Derridas lesen. Etwas, das *ist* und *ist nicht,* ein „drittes Geschlecht" (Derrida 2005, S. 12). Es erscheint und verschwindet in den Differentialen des immateriellen Designs, in den instrumentell-poietischen Netzwerken, wie im Hochfrequenzhandel. Es ist der verborgene Gott, der *deus absconditus,* der unfassbar bleibt und unserer Vernunft sowie unserer Fantasie gänzlich sich entzieht. Daher scheint die *différance* Derridas den neuen Gott der Ökonomie in seinem glorreichen Design viel besser zu beschreiben als etwa der alte Gott der Theologie. Dieser Gott einer real existierenden Religion ist nämlich – als „undekonstruierbare Bedingung" jedes menschlich-konstruktiven Designs – noch um einiges mysteriöser als der alte Gott der Theologie (oder die Götter der Mythologie). Denn er ist dasjenige, was übrig bleibt, wenn man vom Schöpfungsakt den *Schöpfer* der Dinge, das Geschaffene und den modernen *Veränderer* der Dinge abzieht und im modernen Design auch noch leugnet, dass das, was in den Intervallen der Zeit informatisch, logizistisch, algorithmisch, poietisch oder ökonomisch verschwindet, noch ein humanistisch-menschlicher oder göttlicher

Schöpfungsakt sei – denn der menschliche Akteur soll hier ja inzwischen eine posthumanistische Marginalie sein.

Modernes Design ist somit vollgesogen mit den archischen Mächten der Magie, des Mythos und der Theologie, die erst recht im hypermodernen oder im konservativ-bewahrenden Design anwesend sind. Es hat also keinen Sinn den archaischen *Schöpfer* der Welt gegen den modernen *Veränderer* und *Optimierer* der Dinge in Stellung zu bringen – obwohl beide keineswegs identisch sind –, weil im modernen *Veränderer* der Dinge das alte göttliche Wirken weiterwirkt, aber im neuen Inszenierungswert, in den Marken oder im Nationalkult auch verborgen bleibt. Die Subjekte sind demnach ihrerseits auch Produkte ihrer eigenen *überphysischen* Produkte, die sie als Fiktion und Immaterialität selbst *verkörpern.* Im poietischen Vermögen des hypermodernen Designers ist also eine ontologische Aufpfropfung des ursprünglich-poietischen *Prinzips* chiffriert, das als Imperativ des Gestaltens ('Gestalte!') eine 'asoziale' (äußere und innere) Designwelt hervorbringt. Dies bedeutet aber, die *Qualität* des Designs entscheidet sich allein darin, ob und wie dieses gemachte, ontisch-ontologische Dispositiv (samt seiner mythischen Fassung) entschärft und deaktiviert werden kann. Eine *widerständige Designoperation,* die die Designmaschine des planetarischen Unwelt-Schöpfers (als *Potenz in Akt-zu-sein,* als bloße soziale Praxis und Ausübung eines Vermögens) paradigmatisch deaktiviert und außer Kraft setzt. Das heißt, alle materiellen und immateriellen Praxen werden hier entschärft, damit die weltschöpferische und weltverzehrende Design-Konsum-Maschine keine Nahrung durch eine individuelle oder kollektive Designpraxis mehr erhält. Dergestalt, dass die dekontaminierten Designmittel zuletzt für einen neuen, kollektiven Gebrauch wieder frei werden, um ohne Rückkehr zum Designer *anarchisch-formierend* in der *Idee des Designs* zu verschwinden. Eine anarchische Praxis, die vom unkonstruierbaren 'Sein' gebraucht wird. Denn Design ist nichts, was einem gehört oder durch einen obersten, göttlich-imperativen Wert (kultischer Ausstellungswert oder Nationalsymbol) beglaubigt wird, vielmehr die Freiheit *vom* archischen Design (die Verweigerung des Gebrauchs) *im* an-archischen Design selbst (neuer, möglicher Gebrauch).

Designdispositive

4

Freilich könnte man hier kritisch einwenden: Geht es nicht eine Nummer kleiner? Gewiss, dieses ‚Kleingeld' wird aber bereits von der ‚kleinen Differenz' des affirmativen oder pseudokritischen Designs selbst ausgegeben, das sich darin zugleich mit der Utopie gleichsetzt: der stetige *Designverbesserungsprozess,* indem die *Richtigstellung* der Welt endlos verzögert wird, *ist* bereits das ‚gute Design' (auch der sozialen Beziehungen). Es ist jenes „Dispositiv", das Foucault noch als ein „Netz aus Institutionen, Personen, Diskursen und Praktiken" beschreibt. Freilich nur als eine gedankliche Konstruktion, als eine verallgemeinernde Aussage über eine bestimmte historische Anordnung. Heute wird dies von Agamben zu Recht sowohl nach hinten (zum Ursprung hin) als auch nach vorne (digitale Informationsgesellschaft) hin geöffnet. Für ihn ist das älteste Dispositiv vielleicht die „Sprache", die uns von Beginn an gefangen nahm, und wir uns von ihr gefangennehmen ließen; heute die neuen Formen von Ökonomie, Kommunikation oder Medien. Für uns hier ist es das Design, das von Anfang an als poietisches Vermögen im Imperativ steht: ‚Gestalte!' Insofern meint der Inbegriff „Dispositiv" eine ursprüngliche Macht, die uns etwas *ermöglicht* und zugleich *verunmöglicht.*

In diesem *Designdispositiv* entfällt dann auch der Unterschied zwischen „verbessern" und „richtigstellen" der „Natur" (Türcke 2005, S. 232). Genau dies meint nämlich auch das neoliberale Design, das mit seiner kleinen Differenz (stetige Verbesserung) die endlose Verschiebung des Endpunktes erzeugt. Das hyperreale und hyperkulturelle Design des planetarischen Demiurgen meint eben in der stetigen, ontischen Designverbesserung zugleich die mythische und ontologische

© Springer Fachmedien Wiesbaden GmbH, ein Teil von Springer Nature 2019   17
S. Arabatzis, *Archäologie des Designs und Systematik der Designtheorien,*
essentials, https://doi.org/10.1007/978-3-658-23456-0_4

Letztbegründungsfigur.[1] Und das Ziel ist hier nicht bloß die Verbesserung der bestehenden ‚Natur‘, vielmehr die Schaffung von etwas Neuem, das alle ‚Natur‘ übersteigt. Ein kontinuierlicher Designverbesserungsprozess, der darin das ontologische „Richtigstellen" ist. Die andauernde Verzögerung in der kleinen Differenz (affirmativ oder kritisch), die den vollen Design-Zugang zum Ding verhindert, ist also bereits das Design-Ding selbst. Es ist das ontisch-ontologische Designdispositiv, wo eine von Gott geschaffene Welt zuletzt eins wird mit der Welt des planetarischen Demiurgen *ohne* Gott, sodass hier hypermoderne Freiheit und archische Knechtschaft in der *indifferenten Mitte des Designs* sich verschränken. Dadurch braucht die bipolare, archische Designmaschine nicht mehr die mythische Rede vom „tausendjährigen Reich der Kompetenz" (Sloterdijk 2010, S. 7), um regressiv in einem „lokalegoistischen", aristokratischen, mehrwertigen Design kommunitaristisch aufzugehen. Es gibt keinen mythischen Titanenkampf, weil der Mythos der konservativ-bewahrenden Vielfalt durch die ökonomisch-theologische Designmaschine bereits aufgelöst worden ist, während die mythischen Formen, gerade als Hülsen eines vormals substanziellen, die Funktion haben die universale Designmaschine zu stabilisieren. Das „Gott spielen" (J.D. Watson) beginnt daher nicht erst mit dem Design des ‚genetischen Codes‘, vielmehr ist es von Anfang an durch den imperativen Befehl gegeben. Allerdings auch so, dass durch das Werk des planetarischen Demiurgen zuletzt auch Natur, Mensch und Gott im Design des universellen Unwelt-Schöpfers verschwinden. Damit erweisen sich noch die dialektisch-kritischen oder die eschatologischen Kategorien der „Vertiertheit" (Adorno) oder der „Verwolfung des Menschen" (Agamben) als anachronistisch, weil dieser ‚Rest der Natur‘ bereits vom hypernatürlichen Designprozess *verbraucht* wird.

Insofern wäre die Designmaschine wieder mit Foucault zu lesen, der, im Gegensatz zu Adorno und Agamben, sich zu den Phänomenen eher immanent-historisch und deskriptiv verhält und noch die Kategorien von Leben und Tod als historisch gewordene, formbare und dynamische Designkonzepte betrachtet. Aber der reale Designprozess – und damit nehmen wir gegen Foucault

---

[1]Diese bleiben auch in den Medientheorien verborgen: „Doch Letztbegründungsfiguren sind methodisch problematisch: *Einen* Phänomenbereich als vorgängige Matrix unseres In-der-Welt-Seins auszuzeichnen und autonom zu machen, führt zu Ansätzen, deren Apriorismus immun ist gegenüber der Korrektur durch empirische Erfahrung und historische Varianz." (Krämer 2018, S. 34). Aber genau diese Letztbegründungsfiguren sind heute das Ergebnis der historischen Varianz der Kapitale (und der A-Kapitale als ihr Rahmen), um sich darin als scheinbar anfangsloses prozessuales Geschehen monarchisch (ökonomisch-theologisch) und polyarchisch (nationalstaatlich-mythisch) zu präsentieren: die beiden Gesten der Totalisierung.

Stellung – ist eben weder eine bloße gedankliche Konstruktion über eine bestimmte historische Anordnung, noch geht er in der modernen Freiheit und Kontingenz auf. Vielmehr weist das Leben des planetarischen Demiurgen auf die exponentielle Kurve der Designmaschine hin, die gerade als eine völlig enthemmte im Dienste der alten Imperative steht, um dabei alles Leben auszusaugen. Die Ontologisierung der Herrschaft ist also eine durchs ontische Design, durch die *Relation* erst erzeugte, die in der indifferenten Mitte des Designs sich *verabsolutiert.* Und das heißt hier konkret: alle Designentwicklung findet im eigentlichen Sinn nur noch im Sinne dieser alten, doppelten Herrschaft statt, die sich heute in der Form der Kapitale und A-Kapitale kultisch im Weltmarkt und in der eigenen Kultur oder Nation inszeniert. Eine, die allerdings zuletzt auch kein „bloßes Leben" (Agamben) mehr meint, weil dieser ‚essentialistische Rest' vom planetarischen Demiurgen zunehmend in seinem neuen Design aufgelöst wird.

Design meint also nicht bloß den Subjektivierungsprozess, sondern ebenso den Desubjektivierungsprozess. In diesem Ort der Indifferenz ist es das ‚dritte, aisthetisch-noietische Geschlecht' (jenseits der Kategorien von sinnlich/intelligibel, modern/archaisch), das mit sich selbst im Krieg liegt. So aber gibt es kein Design, sondern nur noch ein Design, das eine sozial vorgegebene allgemeine Form verwirklicht, die dabei immer archisch bestimmt bleibt. Das heißt, auch die neue Anziehungskraft des Gendesigns oder der Stammzell-Technologie, mit der Vision nachwachsender Körperteile *für alle,* stellt in diesem verabsolutierten technologischen Regime nur die Form eines unsterblichen Phantasmas dar – vormals noch als „instrumentelle Vernunft" (Horkheimer/Adorno) oder „Gestell" (Heidegger) beschrieben. Etwas, dass dann umgekehrt als eine wünschenswerte und möglichst verewigte Lebensform präsentiert wird: der „diabolische Effekt des Guten" (Baudrillard 2006, S. 163). Auch Leben und Tod sind also nicht immer gleich – das ist der Kern von Foucaults historischer Beschreibung –, vielmehr werden sie auf der jeweils erhöhten historischen Stufenleiter des Designs immer wieder neu erzeugt und zugleich als Untote oder eben als Apriori der Designmaschine konsumiert. Daher ist auch die neue faszinierende und attraktive Seite der Mitmach-Politiken, Mitmach-Inszenierungen oder Mitmach-Technologien allein das Ergebnis einer radikalen Desubjektivierung: Reduktion des Humanen auf die Form einer scheinbar unzerstörbaren technologischen oder gespenstischen Präsenz, sodass die radikale Entsubjektivierung umgekehrt das Ergebnis einer radikalen technologischen Subjektivierung ist.

Utilitaristische Maschine und romantische Gefühlsmaschine in der globalen Designvorrichtung 5

„Im Design-Prozeß", schreibt Richard Sapper, „geht es nicht darum, ein Objekt zu gestalten, sondern darum, die Lösung eines Problems zu finden." (Sapper 1993, S. 102). Diese Probleme sind aber nicht bloß wissenschaftlicher, technischer, ästhetischer, juristischer, kultureller, ökonomischer oder ethisch-moralischer Natur, vielmehr ebenso mythologischer, metaphysischer und ontotheologischer Art. Das heißt, den Gestalten des Designs durchziehen zahllose Fäden, die aber in der jeweiligen Problemlösung auch verdeckt bleiben.

Eines dieser Probleme ist die Verschränkung von Vernunft und Gefühl, wo auch die romantische Gefühlsmaschine in der spektakulären Ausstellungs-, Hedonismus- und Konsummaschine als ein *Drittes* aufgelöst wird. Es ist die Schwelle einer Ununterscheidbarkeit im Design, wo die absolute, restlose Säkularisierung des Unendlichen oder Heiligen mit einer ebenso vollständigen Weihung des endlichen, säkularisierten Designs zusammenfällt[1], sodass darin der ganze Designprozess zum Stehen kommt. Was steht in dieser Design-*stasis?* Antwort: das exponentiell anwachsende Hauptprodukt des planetarischen Designers, das in seinem glorreichen Glanz mit dem ökonomisch-theologischen und mythischen Paradigma zusammenfällt. Und was ist dieses Hauptprodukt? Antwort: Das Hauptprodukt der globalkapitalistischen Erneuerung sind die exponentiell anwachsenden, überflüssigen Designmüllberge und Datendeponien; die nutzlose,

---

[1]„Der Kapitalismus *selbst* ist zur stärksten aller Religionen geworden." Die „Kultprodukte (…) vertrösten nicht auf ein Jenseits, sondern lösen die Probleme hier und jetzt, sofort. Sie sind an den alltäglichen Wünschen, Sorgen und Sehnsüchten orientiert." (Bolz und Bosshart 1995, S. 248 f.). Aber diese scheinbare Problemlösung hat auch Folgen: „Die Folge der konstanten kapitalistischen Erneuerung", so Slavoj Žižek, „ist natürlich die ständige Produktion überflüssiger Müllberge" (Žižek 2009, S. 303).

© Springer Fachmedien Wiesbaden GmbH, ein Teil von Springer Nature 2019
S. Arabatzis, *Archäologie des Designs und Systematik der Designtheorien,*
essentials, https://doi.org/10.1007/978-3-658-23456-0_5

plumpe Ausstellung und Präsenz des dysfunktionalen, nutzlosen Zeugs. Aber so, dass dies auch die kollektive Anziehungskraft, die faszinierende und attraktive Seite der Mitmach-Kreationen, -Technologien oder -Politiken darstellt. Es ist der *Müll im glorreichen Glanz des neuesten Produkts selber* – und nicht dass der „Gebrauch" einmal „zur Zerstörung führen wird und durch das „Verenden der Dinge im Müll" (Brock 2008, S. 278) wiederum Neues entsteht.

Freilich erscheint heute der neueste Design-Müll vor allem in seiner immateriell-vernetzten Gestalt. Damit hat sich der alte Begriff des Fetischs, der einmal in Marx'scher Tradition als ein festes Objekt die soziale Vermittlung verdunkelte, im vernetzten Kosmos des individuellen und kollektiven Designers ‚entmaterialisiert' und in eine flüchtige, immateriell-vernetzte Wesenheit verwandelt. Und zwar so, dass dieses ‚Unding' auch umgekehrt die Dinge in ihrer globalen, hyperkulturellen Gestalt bestimmt. Was einst auf eine liturgische und zeremonielle Sphäre semantisch, symbolisch oder kulturell beschränkt blieb, hat sich als ein effizienter Zwangszusammenhang global verbreitet und ausgedehnt, um sich zugleich im ‚Ausstellungswert', im neuen Kultgegenstand, im Wahrzeichen, im Konsum, in den Marken oder im Aufmerksamkeitsfang zu verdichten und darin zu konzentrieren.

An diesem neuen Phantasma und Kultgegenstand reicht dann keine „antiutilitaristische Bewegung" (Mauss 1990) mehr hin, wie sie vormals in den Sozialwissenschaften formuliert wurde. Eben, weil der komplementär-fehlende Anteil der *profitrationalen* und *nützlichen* Maschine (nämlich die Affekte) Teil der integralen Designmaschine ist. Der ökonomisch-profitrationale und *utilitaristische Wert* stellt so zusammen mit dem *Gefühlswert* nur den einen, universellen Ausstellungs- und Kultwert der Produkte und interaktiven Netzwerke dar. Eine intellektiv-sensitive Einheit, die ebenso ihren symbolischen Wert mit einschließt, ohne das letzterer, wie Marcel Maus behauptet, komplementär zum ökonomischen und utilitaristischen Wert hinzutritt. Der utilitaristische Individualismus opfert also nicht, romantisch, den Trieb nach sozialer Bindung, den Wunsch „In-Gemeinschaft-zu-Sein", vielmehr zeigt sich das eigene affektive Bedürfnis ebenso als objektiver Zwang, nämlich im Weltmarkt oder Nation integriert, beachtet und bemerkt zu sein, statt abgehängt, ignoriert und ausgeschlossen. Der Trieb zum sozialen Band ist nicht, wie der romantische Antiutilitarismus unterstellt, im Namen des bloß *Nützlichen* und der individuellen Selbstverwirklichung verdrängt worden. Vielmehr ist er im utilitaristischen Individualismus selbst anwesend, sodass gerade das *leidenschaftliche Individuum* (nicht das rationale Individuum *ohne* Leidenschaften) selbst ein Produkt des universellen Zwangszusammenhangs ist.

Die neue, global-vernetzte Designmaschine kennt somit sowohl das rationale Instrument (Werkzeug, Mittel, Medium, Nützliches) als auch das fantastische, Traumhafte, Sinnliche, Soziale, Moralische, Utopische und Unnütze. Auch die Vorstellung von „Verschwendung" und „Verausgabung" ist dann Teil der globalen Designvorrichtung und nicht das andere zum „Nützlichen", wie Mauss und Bataille[2] noch gedacht haben. Die neuen Orientierungs- und Identitätsstifter des Weltmarkts (Marken) meinen nicht bloß den profit-rationalen kommerziellen Marktwert, vielmehr auch den „Gefühlswert".[3] Die romantische Gefühlsmaschine[4] verschwand so in der integralen Designmaschine, um in der instrumentellen Nüchternheit ihrer Produkte und immateriellen Netzwerke ebenso geheimnisvoll zu erscheinen.

Der Designer hätte somit heute die Probleme zu lösen, die eine *gestaltungsbedürftige Welt* von sich aus logisch-rational-epistemisch und alogisch-poetisch-aisthetisch stellt. Gestaltungsbedürftig heißt hier: Der Urwald ist keine potenzielle Spanplatte; die Erde keine potenzielle Deponie; das Meer kein potenzielles Grab für Fische und Lebewesen; die ‚Natur', in ihrer Endlichkeit und Begrenztheit, keine noch zu verbrauchende Ressource oder ein spekulatives Objekt für die Finanzwelt; die Luft keine zu patentierte Atmosphäre; der Mensch keine potenzielle Marke und Ausstellungsobjekt. Genuines Design als widerständige Praxis meint daher nicht die *globalkapitalistische Eschatologie* oder die *reaktionär-mythischen Muster.* Vielmehr steht dieses *eschaton* (das Letzte als Vorletztes, wie es uns heute in den anwachsenden Designmüllbergen

---

[2]Der Tausch, so Bataille in seiner *Allgemeinen Ökonomie,* habe die Aufgabe, die Dinge nicht etwa zu „akkumulieren", sondern sie zu „verschwenden". Nicht das Anhäufen der Dinge ist hier von Bedeutung, vielmehr im Gegenteil deren Verschwendung, sodass der Nutzen bei einer solchen Verschwendung untergeht. Lust, Begierde, Verausgabung und Kunst zielen für ihn daher auf die Schöpfung nichtmonetärer, unnützer und verausgabender Werte: „Poesie heißt nämlich nichts anderes als Schöpfung durch Verlust. Ihr Sinn ist also nicht weit entfernt von dem des Opfers" (Bataille 1975, S. 15). „Schöpfung durch Verlust" ist aber gerade das Hauptgeschäft der Kapitale und ihres planetarischen Unwelt-Schöpfers.

[3]Das übersieht Marcel Mauss, wenn er schreibt: „Zum Glück ist noch nicht alles in Begriffen des Kaufs und des Verkaufs klassifiziert. Die Dinge haben neben ihrem materiellen auch einen Gefühlswert. Unsere Moral ist nicht ausschließlich eine kommerzielle." (Marcel Mauss, *Die Gabe,* dt. Frankfurt/M. 1990, S. 157).

[4]„Die Welt muß romantisiert werden" (Novalis 1996, S. 313). Ebenso Schlegels Formulierung: „romantische Poesie, als eine progressive Universalpoesie" (Schlegel 1978, S. 90). An dieser poetischen Figur setzt später auch Blochs expressionistische Philosophie an, mit ihren „Bau-Archetypen", den „ägyptoiden" und den „gotisierenden" in „reiner Ornamentik" (Bloch 1977, S. 203 f.).

und immateriellen Datendeponien als eine *ausgediente* Designpraxis präsentiert wird) für ein neues Design, das erst durch die radikale Deaktivierung der archischen Designmaschinen entsteht. Es gilt daher die materiellen und immateriellen Produkte des planetarischen Designers (als *poietēs* und *dēmiurgos*) von ihrer Zugehörigkeit zu den glorreichen Todesmächten (ästhetische, ökonomische, soziale, psychische, politische, mythische, theologische) zu befreien, damit die *Gestalt des planetarischen Unwelt-Schöpfers* aus der Welt verschwindet: „Die Figur dieser Welt (bemerken Sie wohl: die Figur; also diese Welt ist überhaupt nur eine Figur, eine Gestalt), die Figur dieser Welt vergeht'." (Schelling 1985, S. 478). Die „Figur dieser Welt" ist aber keine kryptoidealistische Gestalt, sondern beschreibt die reale, ökonomisch-theologische Designmaschine in ihrer verabsolutierenden Arbeit. Aber eine, die durch den *Widerstand* des Designers auch *ausgedient* hat. De-aktivierung, Ent-setzung, De-Kontamination und De-konstruktion, wären dann sowohl mit der Option der widerständigen Gewaltsamkeit (das Ziehen der Notbremse in der rasenden Designmaschine, die heute die Wüstenlandschaften produziert), als auch mit der Option der unendlichen Sanftheit, Zartheit und Sensibilität gegenüber den Dingen und Menschen verbunden: die ‚unantastbare Würde der Dinge und Menschen'. Denn auch im neuen Design wird alles so *eingerichtet* sein wie bei uns hier; alles wird *designmäßig* so eingerichtet sein wie hier, nur ein *klein wenig anders*. Aber diese minimale Designdifferenz meint eben – nach einem jüdischen Theologumenon – nichts anderes als die Umfunktionalisierung *der* Gestaltung *in* der Gestaltung selbst: die Befreiung *vom* archischen Design (die Unmöglichkeit des Gebrauchs) *in* der wahrhaft sozialen Gestalt des *an-archischen* Designs (Gebrauch) selbst.

Systematik der Designtheorien 6

Überblicken wir heute das Feld von Designtheorie und -wissenschaft, so könnten wir dieses komplexe Feld nach folgenden Gesichtspunkten unterteilen:

1. *Spezifische Designtheorien.* Hierbei handelt sich um Einzeldesigntheorien (Plakatdesign, Objektdesign, Grafikdesign, Fotodesign, Modedesign, etc.), die bereits vom ausdifferenzierten, spezifischen Charakter des Designs ausgehen – oft orientieren sie sich vor allem an der aristotelischen Unterscheidung zwischen Form *(momphē)* und Stoff *(hylē);* (Aristoteles 1874, 1989). Daher führen diese Theorien meistens ihren Gegenstand bereits im Titel vor: *Vom Stand der Dinge* (Flusser); *Design = unsichtbar* (Lucium Burckhardt); *Verdinglichung* (Axel Honneth); *Das konsumistische Manifest* (Norbert Bolz); *Ornament und Verbrechen* (Adolf Loos); *Die Funktion der Form* (Olaf Weber); *Design ist keine Kunst* (Uta Brandes); *Der Rechte Winkel von Ulm* (Bernhard Rübenach); *die welt als entwurf* (Aicher) etc. Spezifische Designtheorien bleiben wesentlich auf ihr einzelnes Medium (Foto, Sprache, Mode, Objekt etc.) bezogen, oder versuchen mithilfe von Paradigmen verwandter Disziplinen des Wissenschaftssystems (vor allem der Ästhetik, Literaturwissenschaft, Psychologie, Soziologie, Philosophie, Informatik, Ingenieurswissenschaft) die unterschiedlichen Merkmale des jeweiligen Designs in einer Theorie zu integrieren. Wird aber dieser Wissenschafts- und Forschungscharakter der Einzeldisziplinen als ungenügend empfunden oder sogar übersprungen, so handelt es sich um

2. *Allgemeine Designtheorien.* Hierzu zählen die Kritische Theorie (Adorno/ Horkheimer), die materialistische Theorien (Benjamin, Enzensberger), die Systemtheorie (Luhmann), die Kommunikationstheorie (Habermas), die Cultural Studies (Stuart Hall; Donna Haraway), Gender (J. Butler), Performative

© Springer Fachmedien Wiesbaden GmbH, ein Teil von Springer Nature 2019
S. Arabatzis, *Archäologie des Designs und Systematik der Designtheorien,*
essentials, https://doi.org/10.1007/978-3-658-23456-0_6

Theorien (Eva Schürmann), die Semiotik (Umberto Eco, Birgit Recki), die Mediologie in ihrer Dualität von Technik und Kultur (R. Debray), die Phänomenologie (Husserl, Lipps, Merleau-Ponty, Groys), die Hermeneutik (Gadamer) oder der Konstruktivismus (Foerster, Schmidt). Sie reflektieren das Designsystem meistens von außen und stellen auch ethische, imperative Ansprüche: „Man sollte so entwerfen, als ob" (Schweppenhäuser 2016, S. 35). Es geht hier weniger um das Spezifische des Designs, sondern um das gesellschaftliche, soziale, kulturelle, politische, künstlerische und systemische Umfeld, wo Design eingebettet ist. So wird etwa in der Systemtheorie Luhmanns das handelnde Subjekt als heroische oder tragische Kategorie verabschiedet und durch selbstregulierende, soziale, ästhetische oder ökonomische Systeme ersetzt – diese Autopoiesis der Systeme übersieht freilich nicht nur, dass es auch immer noch Akteure gibt, die diese selbstregulierende Systeme und Subsysteme anschieben und vorantreiben, sondern ebenso die Komplementarität, Dialektik oder Transformation der Systeme. So kann man z. B. sehen, wie vormalige Kategorien wie „Ware" und profitrationales „Kapital" die mediale Form des Bildes (Guy Debord) annehmen, oder kommunikativ handelnde Modelle (Habermas) in der spektakulären Herrschaft der Medien sich auflösen. Bleiben die *spezifischen Designtheorien* auf die Strukturen des jeweils einzelnen Gegenstands beschränkt (meistens technisch-wissenschaftlich oder ästhetisch; Kimberly, Elam), so thematisieren *allgemeine Designtheorien* gerade diejenigen Effekte, die Design auf andere gesellschaftliche Bereiche wie etwa der Soziologie oder der Kommunikationstheorie ausübt. *Allgemeine Designtheorien* entwickeln sich also nicht immanent aus dem Design selbst heraus; sie erblicken das Licht der Forschung und Wissenschaft stets in anderen Kontexten und werden anschließend aufs Design angewandt. Insofern werden sie von der spezifischen, materiell-dinglichen oder immateriellen Gestalt des Designs (Kommunikationsdesign, Netzwerk) nicht unbedingt unterstützt, da die Mittel, mit dem Design hier traktiert wird, von außen importiert werden. Hier sitzt nämlich die Designtheorie meistens in der zweiten Reihe und ist vor allem ein Demonstrationsobjekt der allgemeinen Theorien: der Soziologie, Psychologie, Kulturwissenschaft, Semiotik, Hermeneutik, Phänomenologie oder der Aktor-Nezwerk-Theorie etc. Damit kommen wir zur nächsten Kategorie:

3. Die *Designontologien.* Designontologien begnügen sich weder mit der *spezifischen Designtheorie* (etwa als Entwurfs-, Wahrnehmungs-, Handlungs- oder Darstellungstheorie), noch mit der *allgemeinen Designtheorie,* die in Forschung, Wissenschaft oder Kunst zu Hause sind und daher vorwiegend immanent bleiben. Vielmehr wollen sie sich, über den jeweils epistemischen,

sozialen und historisch-gesellschaftlichen Kontext hinaus, in einen viel größeren Zusammenhang stellen und kontextualisieren. Es sind Designtheorien, die vor allem versuchen, das *Wesen* des Designs aus sich selbst heraus zu bestimmen. Hier wird nämlich der Anspruch erhoben, das *Wesen* und *Sein* des Designs zu begründen (nicht *Design* hier und *Sein* dort, sondern *Design als Sein*), womit Designtheorie und Designwissenschaft tief in Kulturgeschichte, Mythos, Metaphysik und Theologie zurückgreifen, um von da aus ihren aktuellen Gegenstand ontologisch zu bestimmen – dies ist dann auch die Schnittstelle, wo Designtheorie mit Medientheorie sich verschränkt; so etwa, wenn Flusser den Begriff der Information mit „Form in etwas zu bringen" (Flusser) übersetzt, und diese dann auch historisch zurück in magisch-kultische und mythische Zeiten zurückverfolgt. Diese universalistische *Designontologie* begründet sich also nicht mit der Universalität eines *allgemeinen theoretischen Paradigmas* (Dialektik, Hermeneutik, Semiotik, Systemtheorie, Kybernetik etc.). Vielmehr mit der angenommenen Universalität des Gegenstands *Design,* das hier im anfänglichen Überschwang noch ‚postmodern', ästhetisch oder postdisziplinär genannt wurde. Nicht die allgemeine Überzeugungskraft eines rational-logisch-begrifflich-geometrischen, oder eines dialektisch-komplementären, rational-sinnlichen Erklärungsmodells steht hier im Vordergrund, das dann aufs Design einfach appliziert wird. Vielmehr bildet gerade die penetrante Allgegenwart der Designprodukte und -netzwerke den poietischen, technischen, epistemischen, soziologischen oder ästhetischen Ausgangspunkt, der als empirischer Befund ebenso zu den ursprünglichen, poietischen Quellen des Designs zurückleitet. Es ist der Versuch einer ontologischen Rückkehr des Designs zu seinen archaischen Quellen, die hier – so etwa in Heideggers „Zeug" – offenbar aufschlussreicher sein sollen, als etwa das aufklärerische Design eines Sokrates oder Moses/Christus: die beiden Quellen der Aufklärung und Moderne, die das emanzipatorisch-fortschrittliche Design bestimmen sollten. Insofern verdanken sich *Designontologien* dem Bedürfnis nach einer verloren gegangenen *Unmittelbarkeit,* die sie durch das ontische Design hindurch *designontologisch,* vorsokratisch und archaisch wieder herstellen wollen – also hinter den jüdischen Anfängen des Monotheismus und hinter den platonischen Anfängen der Metaphysik zurückgreifen.

4. Auch die *Designmythologien* möchten hinter dieser modernen Form des Designs zurückgehen. Sie beschwören die bewahrenden Kräfte, anstelle von

Veränderung und Emanzipation. Statt Innovation, Emanzipation, Mode[1] und Modernität *(creatio)* heißt hier: mythisch-regressive Konservierung, Bindung und Erhaltung *(conservatio)*. Sie weisen auf die schöpferische Tätigkeit, auf das poietische Vermögen überhaupt hin und deuten auf die ursprüngliche, kultische, magische und mythopoetische Gestalt des Designs zurück. So etwa zuletzt auch die sozialwissenschaftliche Designtheorie Bruno Latours, der Design in der Form der alten „Bindung", statt von Emanzipation und Erneuerung versteht. Deswegen ist hier die rhetorische, bindende und beschwörende Kraft der Sprache wichtiger als Logik, Argumentation, Emanzipation, Kausalität oder Veränderung. Es ist die Abwehr gegenüber einer modern-verändernden, emanzipatorischen und egalitär-individualistisch-universalistischen Form des Designs. Gegen diese setzen die *Designmythologien* die Vielfalt von Traditionen, Bindungen oder die bewahrenden Kräfte – das „unheilvolle Erbe" (Benjamin 1991, S. 1242) der Moderne. Eine neuheidnische, mythische Designvielfalt, die aber als bloße Reaktion ihrerseits von der Einheit des *weltumspannenden Designs* produziert wird.

5. Die neue Wende zu den ursprünglichen, schöpferischen Quellen bringt auch eine neue *Designtheologie* hervor, oder besser: eine *Design(a)theologie,* bzw. einen *Design-Messianismus* (Agamben). Dabei wird Design, Schöpfung überhaupt, in letzter Instanz poietisch-ontologisch (ökonomisch-theologisch) aus einem liturgisch-zeremoniellen „Herrlichkeitsdisposiv" abgeleitet. Eine Unbrauchbarkeit der Dinge, wie sie etwa in der Sphäre des „utilitaristischen Konsums" oder im Spektakel auftritt, die freilich zuletzt, messianisch, als neuer kollektiver Gebrauch wieder zurückgenommen wird. Es sind die ursprünglichen, theologisch-sakralen Kräfte, die in der Moderne vom himmlischen Ort auf die Erde versetzt wurden: von der Schöpfung und dem Wirken Gottes auf die irdische Produktion des menschlichen Wirkens. Gegen diese „falsche *religio* der Modernität" setzt dann die ‚messianische Designtheologie' in ihrem Inbegriff der „Profanierung" (nicht der Säkularisierung) die andere *„wahre religio"* (Agamben 2005, S. 73) entgegen.

Diese analytische Separierung der Designtheorien darf freilich nicht vergessen machen, dass sie in der jeweiligen sozialen Praxis, in der Anwendung, in der begrifflichen Durchdringung der Designphänomene oder in den medialen

---

[1]Zur mythischen Dimension der Moderne als Mode ausführlich in: Stavros Arabatzis, *Versenkung ins Äußere. Elemente einer Theorie der Mode,* Wien 2004.

Strukturen (Arabatzis 2018b) auch zusammenwirken und darin miteinander *verwebt* bleiben (Arabatzis 2018a). Das heißt, im poietischen Vermögen des individuellen und kollektiven Designers verwirklicht sich eine sozial vorgegebene allgemeine Form. Daher können hier die alten methodologischen Designwerkzeuge (phänomenologische, semiotische, dialektische, postmoderne, konstruktivistische, systemtheoretische oder psychoanalytische) kaum befriedigen. Wir haben es vielmehr mit einer integralen Designmaschine der *sensitiv-affektiven und intellektiv-instrumentellen Relation* zu tun, die sich darin verabsolutiert und durch ihren globalen Druck wiederum die Reaktion der kulturalistischen Ornamente hervorruft; Selbstoptimierung, Kreativität, Toleranz, Offenheit, Diversity und Grenze, Geschlossenheit und Heimatsuche als die zwei Pole der Designmaschine. Damit schlagen alle modernen, progressiv-verändernden oder anti-modernen, regressiv-bewahrenden Subjektivierungsprozesse (auch als mythisch-kollektive) in Desubjektivierungsprozesse um und blockieren so den neuen, eigentlichen *Gebrauch* der Dinge. Dieser meint allerdings nicht die einfache Analogie von sakral/säkulare Tätigkeit (utilitaristischer Konsum) hier und kontemplative *Untätigkeit* (Antiutilitarismus, Nicht-Nützlichkeit, *Profanierung* im „Spiel") dort (Agamben). Denn trotz ihrer scharfsichtigen Diagnose kann uns auch diese ‚Designarchäologie' nicht ganz befriedigen. Und zwar vor allem deswegen, weil Design heute auch das antiutilitaristische Moment kennt (die Verschwendung) und den ‚letzten Rest' von ‚Natur' – auch in der Form der „Vertiertheit" (Adorno) oder der „Verwolfung des Menschen" (Agamben) – im hypernatürlichen Designprozess *verbraucht*. Deswegen müssen wir das Netzwerk Design entlang der exponentiellen Kurve von Konstruktion und Konsumtion, von ansteigender Produktivität und exponentiellem Höchstverbrauch denken. Aber auch die Deaktivierung der Designmaschine (in der Untätigkeit oder im Nicht-Werk) gibt nicht das „reine Mittel" (Agamben) frei, vielmehr werden in der paradoxen *Mitte* des Designs alle Designmittel dekontaminiert (gereinigt), um so für einen neuen Gebrauch wieder *an-archisch* tätig zu werden.

Das Wirken der alten imperativen Mächte im modernen Design

Design ist heute deshalb so wichtig, weil die ökonomische Macht der *doxologischen* und *blendenden Gestalt* bedarf, damit die immanente Ordnung und das transzendente Prinzip als miteinander *versöhnt* erscheinen können. Dies aber ist ein Design, wo der hypermoderne Designer (individuell wie kollektiv) eine sozial vorgegebene allgemeine Form verwirklicht. Design wird hierbei zu einer göttlichen Nahrung, die der Designer selbst hervorbringt und sie in seinem Designprozess zugleich konsumistisch verzehrt, während das menschlich-göttliche Designdispositiv umgekehrt den Konsumenten als Nahrung braucht. Daher müssen wir die Formel von Marx heute umgekehrt denken: Nicht „alles Stehende verdampft, alles Heilige wird entweiht" (Marx und Engels 1966, S. 62). Sondern, alle instrumentelle Verdampfung und zweckrationale Entweihung ist zugleich der Ort einer neuen kultischen Weihung. Denn Design ist heute der Ort einer glorreichen Machtinszenierung, wo alle modern entzauberte Praxis zugleich archaisch-verzaubert auftritt, um dadurch den emanzipatorischen Gebrauch der Dinge zu blockieren. In unserer instrumentell-poietischen Praxis träumen wir also mit offenen Augen und dieser Zustand des *Wachtraumseins* steht immer im Imperativ: „Sei wahrnehmbar!", „kreativ!", „mobil!", „optimierbar!", „kollektiv-vernetzt!" etc. Was hier nicht *benutzt* werden kann wird eben als solches der Zurschaustellung, Aufmerksamkeit, Selbstverwirklichung, dem Konsum oder dem symbolischen Wert überantwortet. Wenn heute die Produzenten und Konsumenten in ihrem Design sich selbst fremd geworden sind, dann nicht nur, weil sie Gegenstände konsumieren, die im Bedürfnis beachtet-, dabei- und integriertsein (statt abgehängt und ausgeschlossensein) ihre *Leere* und *Nutzlosigkeit* bereits in sich tragen. Sondern und vor allem deswegen, weil sie in der Kapitale und A-Kapitale auch als Besitzer, Verwalter und *Eigentümer* ihrer selbst und ihrer beschlagnahmten Körper fungieren, die sie im ‚Austellungswert' oder im ‚traditionellen Wert' entleert zur Schau

© Springer Fachmedien Wiesbaden GmbH, ein Teil von Springer Nature 2019   31
S. Arabatzis, *Archäologie des Designs und Systematik der Designtheorien,*
essentials, https://doi.org/10.1007/978-3-658-23456-0_7

stellen. Die Tatsache, dass der globale Kapitalismus eine Totalität ist, bedeutet nämlich, dass er die komplementäre Einheit seiner selbst (monarchisches Design) und seines anderen (polyarchisches Design) darstellt.[1]

Der Siegeszug des Designs hat also nichts mit den Wünschen oder Sehnsüchten der Designer zu tun. Vielmehr erklärt sich das *Wesen des Designs* heute vor allem aus der Abhängigkeit von ökonomischen, technisch-wissenschaftlichen, Fortschritts- und Zivilisationsszenarien, die eine fortlaufende Optimierung und Mängelkompensation von Dingen und schließlich von Menschen vorsehen (Humandesign). Das heißt, jedes Objekt, Kleidungsstück, Gerät, Bild, jede Geste (die *Gestaltung von Gesten* war einmal das Werk von Steve Jobs), jeder Mensch oder jede Nation (kollektiv-mythische Form) stehen heute im Konkurrenzkampf mit ihren eigenen Vorgängern oder Nachbarn, um sich in der globalen Designmaschinerie zur Schau zu stellen und darin konsumiert zu werden. Damit bringt sich der planetarische Demiurg in eine polemische Position mit sich selbst in Stellung.

Eine dialektische Designmaschine, die dann als eine der Aktion von Praxis und Theorie auch das *imperative Rätsel* der Philosophie bildet. Ein ‚Begriffs-Design‘, das trotz aller reflektierten Anstrengung immer noch *archisch kontaminiert* bleibt. So auch in den folgenden imperativen Formulierungen: „Dass es anders werden solle!" (Adorno); „Denkt in Systemen!" (Luhmann); „Kommuniziert auf die Möglichkeit eines Konsens hin!" (Habermas); „Denkt die Gesellschaft als eine sich selbst instituierende!" (Castoriadis); „Denkt einen anderen Anfang der Geschichte!" (Heidegger); „Macht in eurem Diskurs Unterschiede!" (Foucault); „Bildet Rhizome!" (Deleuze); „Dekonstruiert!" (Derrida); „Sorgt dafür, dass der schöpferische Akt in der Schöpfung nicht seine kollektive Potenz verliert!" (Negri); „Vollbringt den Akt, um das Schicksal selbst zu verändern!" (Žižek); „Denkt die Ausnahme als eine unendliche!" (Badiou); „Denkt das Ganze des endlichen Sinns!" (Nancy) oder „Denkt den Anteil der Anteillosen in einem gegebenen Regime der Ungleichheit!" (Rancière).

Alle diese philosophischen Designs – wie heterogen sie immer auch sein mögen – sind nämlich in der monarchischen (ökonomisch-theologischen) und

---

[1]Insofern war jene politische Säkularisierungskontroverse (Monotheismus vs. Polytheismus), wie sie in den 70er Jahren geführt wurde, nur eine Tarnung, um das gemeinsame Projekt zu verbergen: „Polymythie ist bekömmlich, Monomythie ist schlimm." (Marquard 1983, S. 82). Polymythie (Heimat, Nation, Lokalität) und Monomythie (das ökonomisch-theologische, technisch-ontologische Dispositiv) beschreiben aber in Wahrheit nur das eine komplementäre Phänomen.

polyarchischen (mythisch-heidnischen) Designmaschine bereits integriert und bilden darin ihr glorreiches Zentrum. Eine hypermoderne Designmaschine, die gerade als atheistische im Dienste der alten *archē* steht; sei es als planetarischer ‚Zukunftsgott' oder mythisch als ‚Gott der Gegenaufklärung'. Damit können wir auch den aufklärerischen Kantischen Imperativ „Man muss wollen können" in ‚Du muss wollen können!' designerisch neu umformulieren; und was dann sowohl das *Können* als auch das *Wollen* (die Ströme des Begehrens) und die Fantasie des Designers beinhaltet. Damit können wir zuletzt auch das ursprüngliche, mythische und theologische Gestaltungsmedium *(poiesis, téchnē, praxis, logos)* neu reformulieren: Am Anfang war nicht das ‚gute' oder das von den Menschen ‚verderbte Werk' des Schöpfers *(en archē epoiesen ho theos),* oder das Wort *(logos),* die „Tat" (Goethe), der „Wille" (Schopenhauer), die „Kraft" (C. Menke), der Affekt oder der unkontrollierte Rausch (Nietzsche), sondern das imperative Gebot: ‚Verändere!'; ‚Gestalte!', ‚Betreibe deine Selbstvernichtung in deiner Selbstoptimierung und unkontrollierten Begeisterung!'

Es handelt sich um ein archisch-poietisches Regime, das von Anfang an alle Praxis, Tätigkeit und Poiesis antreibt und steuert, sodass auch die hypermoderne Tätigkeit des Designers eine sozial vorgegebene, allgemeine und darin zugleich göttliche Form verwirklicht. So aber gibt es nur noch ein Design der ‚schöpferischen Zerstörung', der vernetzt-kollektiven Verstromung des Kreativen, in den obersten, beglaubigten Werten des Markt- oder Nationalkults – also *kein Design der Sensibilisierung und des Gebrauchs mehr.* Wir haben es hier vielmehr mit der Fäulnis des poietischen Vermögens, mit der Verrottung des Designs, der Kreativität, des Arguments, der Kommunikation und des Gemeinsamen zu tun. Hier findet die Anwendung der schöpferischen Kräfte gegen sie selbst statt, wo alle gestalterische Praxis von den Strategien der spektakulären, systemischen und strukturellen Macht beschlagnahmt, eingefangen, manipuliert und ausgerichtet wird. Eine genealogische Forschung und eine archäologische Ausgrabung des poietischen Vermögens sowie seine säkularisierte Umbenennung in der Moderne hätten somit vor allem die Stationen zu markieren, in denen die gestalterische, technisch-kommunikativ-epistemische Umbenennung (als bloße Aktion von Praxis und Theorie) und Umformatierung des Designs im Industriezeitalter historisch stattfand. Dass also grundlegende Kategorien des modernen Designs (Kreativität, Schöpfertum, Erfindung, Entwurf, Problemlösung, Wissen, Marketing, ethischer Konsum, Kommunikationsdesign, Performativität, Dialog, Inszenierung, Sensation, Corporate Design) auf ein uraltes theologisches und mythisches schöpferisches Paradigma zurückgeführt werden müssen, ohne dass beide identisch sein müssen.

Designausgänge 8

Dem Designer (in seiner individuellen wie kollektiv-vernetzten Gestalt) muss heute die tragische Gestalt seiner Aktion und Gestaltung auf der erhöhten Stufenleiter seines hyperrealen Designs zugemutet werden: *der Zusammenhang von Zivilisationsdesign und Zivilisationsgewalt, von Umweltschöpfer und Unweltschöpfer, von Begeisterung und Selbstvernichtung, von Freiheit und Zwang, von Kontingenz und Notwendigkeit.* In den endlosen Gleisen der linearen, zyklischen und rhizomatisch-vernetzten Zeit konfrontiert uns heute das hypermoderne Design mit der Wahrheit unserer eigenen Position. Und die soziale, ökologische, ethisch-moralische und politische Herausforderung besteht dann darin, uns selbst in dieser planetarischen Gestalt zu entdecken. Aus diesem Design des planetarischen Unwelt-Schöpfers sind wir nämlich alle von unserer ‚Natur' (*oikos*) und ‚Kultur' (*polis*) ausgeschlossen, sodass diese Ausschließung zum dynamischen Projekt des hypermodernen Designers gehört: „Die Natur wird zur Mache, das Unzugängliche wird manipulierbares Ereignis: Grosse Bereiche dessen, was früher Schicksal, Natur oder Faktizität hieß, sind herstellbar geworden; dadurch ist das anthropologisch entscheidende Verhältnis zwischen dem, was wir von Natur her sind, und dem, was wir der Technik sei Dank aus uns machen können, ins Rutschen gekommen." (Böhme 2008, S. 108).

Die „Natur", die Böhme hier im menschlichen Körper ontologisch rein halten will (eine, die an die alte Stelle von Begriff, Denken und Vernunft tritt), ist aber von Anfang an keine „Natur" mehr, sondern immer schon Kultur, Technik und menschliches Produkt. Insofern beginnt die Technisierung des Körpers nicht erst mit der technologischen Moderne, sondern war ‚immer schon' als Kultur gegeben, wie hier der „Posthumanismus" zu Recht hervorhebt. Konstruktion und Technik sind daher nicht nur „extensiv" im Raum ausgreifend, sondern *immer schon* auch „invasiv" und prägen Natur und Leib in ihren jeweiligen historisch-gesellschaftlichen Formationen – eine ‚Natur', die hier ebenso

© Springer Fachmedien Wiesbaden GmbH, ein Teil von Springer Nature 2019
S. Arabatzis, *Archäologie des Designs und Systematik der Designtheorien,*
essentials, https://doi.org/10.1007/978-3-658-23456-0_8

Habermas unverfügbar halten möchte: „Ich fürchte, dass wir durch diese Instrumentalisierung vorpersonalen menschlichen Lebens auf eine abschüssige Ebene geraten." (Habermas 2002). Es gibt also keine Unverfügbarkeit der ‚Natur' oder eines vorpersonalen menschlichen Lebens, das dann anschließend durchs Kultur und nun durchs genetische Design manipuliert wird. Vielmehr ist alle Natur von Anfang an kultiviert und manipuliert, sodass die *Selbstbestimmung* immer schon auch eine *Fremdbestimmung* war – und zwar ist diese von düsterer Herkunft. Das „verdinglichte" Verhältnis des Designers kommt also nicht erst durchs genetische Design auf die Welt, sondern war von Beginn an Teil seiner technisch-poietischen und sozialen Gestaltungsarbeit.

Allerdings haben wir es in der Moderne und schließlich in der globalisierten Moderne auch mit einer Radikalisierung der Konstruktion und Manipulation zu tun. So bildet der hyperreale Gestaltungsprozess inzwischen keine historische Linie oder eine anthropologische Invariante, keinen mythischen Kreis und keine theologische Konstante, weil er diese festen Formen in eine exponentielle Kurve des übermenschlichen Designs verflüssigt hat. Was hier als ‚Neues' im hypermodernen Design auftritt ist dann die Dynamisierung, die radikale Konstruktion sowie die immateriellen Netzwerke. Ein hyperreales, hyperkulturelles und biogenetisches Design, das an der alten Unterscheidung zwischen Realität und Fiktion, Kultur und Natur, Design und Sein, Zeit und Ewigkeit, Mensch und Gott nicht mehr interessiert ist. Dennoch, der planetarische Designer fungiert hier nicht bloß als ein Stellvertreter Gottes (oder der Götter). Er übernimmt nicht bloß die vormalige Funktion des göttlichen Wirkens, um die Welt trotz ihrer Defizite zu *bewahren,* vielmehr um sie zuletzt durch den universellen Unwelt-Schöpfer zu zerstören. Die Anhänger des neuen kapitalistischen Kultes sind eben nicht bloß die Nachfolger oder die Stellvertreter der Religion im Alltag, wo sie einen ‚Glauben *ohne* Glauben' praktizieren (wir pflegen Rituale, so die These, an die wir selbst zwar nicht glauben, deren Wirkung und bindende Kraft wir aber gleichwohl anerkennen). Vielmehr meint das neue Design des universellen Unwelt-Schöpfers den ‚Gott in der Zeit' (monarchisches Design) und die ‚Götter in der Zeit' (polyarchisches Design), die nicht mehr die Schöpfung *bewahren* oder um sie sich *sorgen,* sondern sie in ihrem planetarischen Projekt zuletzt auch *entsorgen.* Dieser hochdynamische Designprozess kennt also kein Ausruhen (*anapausis,* Sabbatruhe) und keine wiederkehrende mythische Kreisfigur mehr, seit nämlich die Neuzeit daran gegangen ist das kosmische Weltbild in ein ökonomisches zu übersetzen: „Die Haupttatsache der Neuzeit ist nicht, daß die Erde um die Sonne, sondern daß das Geld um die Erde läuft." (Sloterdijk 2005, S. 79).

Es ist das *radikale, anti-kontemplative Designprogramm* der Neuzeit, Moderne und schließlich der globalisierten Moderne, wo ein planetarischer Demiurg in seiner Tätigkeit und Kreativität zwar alles individuell und kollektiv *verändert*, dabei aber auch nichts mehr zu *bewahren* weiß – außer den Designprozess selbst als zwanghafte *Begehung*, vor *Rationalität*, *Argument* und *Erzählung*. Eine kultische Handlung, die sich zuletzt ohne die Aussicht auf ein Anderes selbst vernichtet. Dergestalt, dass die Anhänger des neuen kapitalistischen Kultes oder die Heimatsuchenden von heute nicht einmal jene christliche, jenseitige Heimat mehr kennen. Insofern wird heute alles bewohnbare und brauchbare Design auf dem Hochalter der kapitalistischen Religion geopfert, ohne dass hier das *Opfer* (theologisch) wieder zum *Medium* einer jenseitigen Heimat werden kann. Die Befreiung von den vormals natürlichen oder göttlichen Zwängen endet somit in einem zwanghaften, unaufhörlichen Designprozess, der jedes Ding, jedes Bild, jedes Wort, jeden Ton, jede Schrift, jeden Ort und jede menschliche Tätigkeit einbegreift, um sie von sich selbst und von der *Idee des ‚guten, bewohnbaren Designs‘* zu trennen. Denn wo alles in der menschlich-göttlichen Designmaschinerie von sich selbst abgesondert, zur Schau gestellt, oder in den kollektiven Symbolen und Netzwerken sozial verrottet, ist eine Ver*un*dinglichung, Denaturierung und Desubjektivierung am Werk. Gerade deswegen sind wir aber auch auf eine Designtätigkeit als schöpferischen *Widerstand* angewiesen, der alle Werke der instrumentell-poietischen Intelligenz entschärft, unwirksam macht. Gegen die naive Emphase der Moderne, die allein auf bloße Produktivität, Kreativität und poietisches Vermögen setzt und damit allen Gebrauch blockiert, wird hier also dem Design in den nutzlosen Design- und Datenmüllbergen seine zentrale Rolle der *Untätigkeit* wiedergegeben, die erst den Zugang zur *Idee eines ‚guten, anarchischen Designs‘* wieder eröffnet. Es ist die radikale Komplexitätsreduktion *im* poietischen Vermögen des Designers selbst, von der einmal auch das Bauhaus und später die Hochschule für Gestaltung in Ulm träumten. Aber die gestalterische Vereinfachung die sie meinten – die berühmte Formel von Mies van der Rohe: less is more, oder „gutes Design ist so wenig Design wie möglich" (Dieter Rams) – sollte eben eine sein, die die *Askese* der Formen auf die eigene monarchische und polyarchische Designmaschine selbst anwendet. Denn wenn Design heute „Dinge erklärt, ohne daß wir lange eine Gebrauchsanleitung lesen müssen" (Rams), dann nur deswegen, weil es den heimlich-unheimlichen Grund aller Kultur des Nutzlosen aufhellt. Dergestalt, dass die *entworfenen* Gegenstände und Netzwerke nicht bloß die imperativ *geworfenen*, *gewünschten* oder *geträumten* sind, vielmehr auch den *Designübergang des Nutzlosen zum Nützlichen* hin bedeuten: *den neuen Gebrauch des Unbrauchbaren.*

Im Design geht es also um die wahrhaft soziale Gestalt des Menschen, um seine „Glückswürdigkeit" (Kant). Deswegen wird in den exemplarischen Paradigmen des Designers (der den humanen Kern des Designs nicht aufgibt) sowohl *anders produziert als auch anders rezipiert und konsumiert.* Dieses Andere meint: Die materiellen Produkte oder die (a)sozialen Netzwerke werden nicht mehr in ihrer eigenen inhumanen und geisterhaften Existenz belassen, vielmehr aus ihrer eschatologischen Perspektive herausgeholt, um den labyrinthischen Verweisungszusammenhang der Designmaschine anschließend zu verlassen. Mag dieses *para*digmatische Design (was sich *neben* dem Design des planetarischen *Un*welt-Schöpfers als neuer Gebrauch und neue Lebensform zeigt) in der Designmaschine der Kapitale und A-Kapitale seinen Preis haben – und den hat es in der Tat, wie es einmal auch die christliche Maschine in ihrem Begriff der *apolytrōsis* (alles ist bezahlt) zu fassen versuchte, dabei aber auch kollabierte. Die *Idee* eines wahrhaft ‚guten Designs‘ hat jedenfalls *keinen Preis* mehr, da es in der globalen Designvorrichtung nicht mehr unendlich ökonomisch, ästhetisch, technisch, politisch oder kreativ verschlissen wird. Daraus wird deutlich, dass der Designer in seinem *Widerstand* nicht nur mit formalen, ökologischen, psychosozialen, ethisch-moralischen, historischen, gesellschaftlichen und kulturellen Problemen zu tun hat, sondern ebenso mit metaphysischen, mythischen, ontologischen und theologischen. Gegen die alltäglichen Designmanipulationen, die nichts anderes als den Körper, die Psyche und den Geist seines Trägers zum Gegenstand haben, tritt heute der genuine Designer auf, indem er die *Designmaschinerie des Opfers* paradigmatisch deaktiviert, außer Kraft setzt und damit die Design-Mittel befreit. Eine *unausdenkliche und unkonstruierbare Idee* des Designs, die einmal Kant mit seiner Formulierung „*Tue das, wodurch du würdig wirst, glücklich zu sein*" (Kant 1956, S. 679) zu fassen versuchte.

Der neue Gebrauch meint hier also keine ontologisch-unmittelbare, metaphysische Sphäre der Produkte, Zeichen oder Netzwerke, sondern zunächst einmal das Allereinfachste: Dass im Design nur noch *das* produziert wird, was *alle* Menschen – ohne jegliche Ausnahme – am *dringendsten* brauchen. Diese *Bedürfnisse*, die nicht den konsumistischen Höchst- und Selbstverbrauch, sondern das soziale Band meinen, lassen sich freilich nicht mehr in gesellschaftliche, natürliche, physische, ökologische, soziale, psychische oder in immanente und metaphysisch-transzendente voneinander trennen, um danach eine hierarchische Rangordnung von Befriedigungen herzustellen. Denn bereits im allerdringendsten Bedürfnis, nämlich nach Nahrung, die Beseitigung von Hunger, Gewalt und Angst, stecken schon *alle* andere Kategorien mit drin, die vom ‚guten Design‘ ebenso erfüllt sein wollen. Eben, weil alle diese Bedürfnisse zuletzt mit der Frage nach dem *universellen Leiden* aller Menschen und Tieren zusammenfallen, das durch ‚gutes Design‘ verringert und – bis auf einen theoretisch nicht mehr einholbaren Rest – abgeschafft werden soll. Wird nämlich nur noch das produziert und gestaltet, was *alle* Menschen – und Tiere, in denen ja auch so etwas wie das humane Bedürfnis nach Beendigung ihres Leidens bereits in ihrem Ausdruck eingeschrieben ist – jetzt und hier am *dringendsten* brauchen, so ist man von den metaphysischen, transzendenten, ontologischen, theologischen oder sozialpsychologischen Spekulationen nach der Legitimität oder Illegitimität solcher utopischer Bedürfnisse befreit.

Entscheidend im Design ist also nicht mehr die aktiv-praktizierende oder die passiv-konsumierende, vielmehr die *deaktivierende* Designoperation, welche die universelle oder kulturalistische Designmaschine außer Kraft setzt. Einen Weg aus dem alten (materiellen wie immateriellen) Design zu bahnen heißt daher nicht Auslöschung des Designs, sondern einen anderen, neuen, anarchischen Gebrauch vom Design zu machen. Was außerhalb der universal-progressiven oder der konvervativ-bewahrenden Designmaschine sich befindet ist nämlich nicht ein eigentlicher oder ursprünglicher Gebrauch, der dem Design ontologisch, transzendent, anthropologisch oder theologisch vorausgeht, oder metaphysisch nachgeordnet ist. Vielmehr ein neuer Gebrauch, der erst durch die Deaktivierung der Designmaschine in ihrer monarchischen und polyarchischen Gestalt erwächst. Subjekt dieses Designs ist nicht mehr der Designer, der etwas individuell oder kollektiv entwirft, um dabei den alten Imperativen zu dienen, vielmehr das Subjekt (auch Kollektivsubjekt), das erst entsteht, wenn die Designmaschine des planetarischen Unwelt-Schöpfers ganz *ausgedient* hat. Das *Ausgedientsein* meint nicht die kontemplative Bewahrung des Seins oder eines Göttlichen (Heidegger), sondern jene Operation, die in der rastlosen, menschlich-göttlichen Designmaschine die Notbremse zieht, um Design auf die Perspektive eines anderen, humanen Gebrauchs hin neu auszurichten. Der planetarische Designer wird jedenfalls sein glorreiches Design, das heute die ökonomisch-theologische oder die nationale Macht verherrlicht, deaktivieren müssen, wenn er aus seinen *ausgedienten* Gegenständen einen neuen, anderen, kollektiven Gebrauch machen will. Deswegen heißt heute Designer sein: das *Ausgedientsein* des alten Designs als *Dunk* für einen neuen Gebrauch benutzen. Denn das schlechte Design meint nicht bloß das Verhängnis des planetarischen Designers, vielmehr kann gerade dieses *universal Nutzlose* für einen neuen Gebrauch, für eine neue Lebensform wieder *nützlich* gemacht werden. Ein Zustand der Welt, indem sie gut, frei, schön, wahr und vor allem angstfrei erscheint, wo also *alle* Kategorien in ihrer eigenen Zusammensetzung sich ändern müssen. Es ist die *an-archische* Dekontamination des Designs, das damit auch die anthropologische Differenz von „Vermögen als Form" und „*formierender* Kraft" (Menke 2013, S. 13) außer Kraft gesetzt, da die dialektische Designmaschine in ihrer produzierten *Form* und produzierenden *Formierung* keinen essentialistischen Lebensbegriff mehr kennt. Deswegen zeigt sich heute die wahrhaft poietische Kraft des Designers allein im Widerstand, der diese dialektische Designmaschine als *Form* und *Formierung* deaktiviert, um von ihr einen anderen, *an-archischen Gebrauch* zu machen. Um diese Designkompetenz für die Welt geht es – nur ein resistentes und anarchisches Design kann sie haben.

Es gibt also keinen Anlass zum Kultus der ‚Natur', oder eines vorgegebenen ontologischen Seins das dem modernen Design vorausgeht, oder eines mythisch-nationalen Designs (Mehrzahl: Ornamente, Kulturen, Grenzen), das traditionell zurückgeht. Aber ebenso wenig einen Anlass zum Kultus des universalen Designs (Einzahl: Weltkultur, Zivilisation, weltweite Polis), weil *Design* und *Kultur* nicht bloß vom Negativen *entlasten* – wie einmal eine Anthropologie (Gehlen) meinte. Vielmehr alles Design und alle Kultur inzwischen auch *unendlich belasten.* Aber in der progressiv-rasenden oder unbewegt-bewahrenden Designmaschine, die heute alles entleert, unbewohnbar macht und zum Museum erklärt, ist eben auch die *Differenz* des Designs anwesend, die jene globale oder lokale Designvorrichtung desakralisiert, ihren bösen Zauber entschärft und damit von der Belastung des Absoluten (in seiner monarchischen und polyarchischen Gestalt) paradigmatisch entlastet. Das menschliche Gestaltungsprojekt sollte also nicht die „Entlastung vom Absoluten" (Blumenberg) sein, vielmehr hat sich der Mensch und Übermensch (Nietzsche) mit seinem modern-archischen Designprojekt unendlich belastet.

Design als politisches Paradigma 9

Die integrale Designmaschine in ihrer emanzipatorisch-verändernden Einheit und konservativ-bewahrenden Vielfalt zu verstehen bedeutet heute zu verstehen, dass sie in ihrer Mitte unverständlich geworden ist; dass sie in ihrem Zentrum alle Dinge, Orte und Körper dem allgemeinen Gebrauch entzieht, um in ihrer indifferenten *Mitte* eine unverständliche Sphäre der Absonderung zu schaffen. Aber diese Designmaschinerie, die da von einer instrumentell-poietischen Intelligenz installiert und seit der Neuzeit immer mehr beschleunigt wird, stellt in ihrer *Mitte* eben auch die Befreiung von Mühsal, Hunger, Angst, Unbewohnbarkeit, Nutzlosigkeit und Herrschaft in Aussicht.

Designerisch denken oder als Designer tätig sein heißt daher heute, nicht mehr linear (historisch), kreisförmig (mythisch), statisch-ewig (ontotheologisch) oder rhizomatisch-vernetzt in den Fluchtlinien der instrumentell-poietischen Intelligenz und einer netzförmigen kollektiven Expressivität entlang entwerfen, sondern diese exponentielle Designkurve des planetarischen Demiurgen als Zentrum der Designmaschinen paradigmatisch entschärfen und außer Kraft setzen. Das heißt, die zwei *Hauptimperative* (nicht *Hauptnarrative*) des globalen und nationalen Designs als völlig *ausgediente* entziffern lernen und sich dabei immer um den darin nicht aufgehenden *Rest* des Designs kümmern. Sollte eine Definition des Designs notwendig sein, so müsste sie heute lauten: Design sitzt *zwischen* den Stühlen – auch Lehrstühlen, die inzwischen freilich verlassen sind oder als doxologische der ökonomischen Macht dienen. Dieses *Zwischen* ist eines zwischen den einzelnen Fächern und Disziplinen, aber auch zwischen Natur und Kultur, Vergangenheit und Zukunft, Tradition und Moderne. Etwas, was zwischen Grenzen der Disziplinen vermittelt. In dieser *Mitte* markiert Design eine paradoxe *Schwelle der Ununterscheidbarkeit,* wo das nutzlose Design als Wirklichkeit und Möglichkeit exponentiell wächst, darin aber auch das *Ausgedientsein* des alten Designs

© Springer Fachmedien Wiesbaden GmbH, ein Teil von Springer Nature 2019
S. Arabatzis, *Archäologie des Designs und Systematik der Designtheorien,*
essentials, https://doi.org/10.1007/978-3-658-23456-0_9

bezeugt. In der Erschöpfung aller poietischen Mittel, in der Deaktivierung der *imperativen Designmitte* widerruft Design alle Möglichkeiten des nutzlosen Designs, um die dekontaminierten Designmittel auf einen neuen, kollektiven Gebrauch hin neu auszurichten. Es sind *Design-Paradigmen* einer anderen, sozialen, psychopolitischen Gestaltung der Dinge, des Selbst und der Welt, die weder die Überwindung des Hauses *(oikos)* durch die Stadt (das Design der weltweiten *polis*) meint, noch das alte, archisch regierte Haus wieder neuheidnisch heraufbeschwört (die Bewahrung von Kultur, Nation, Ethnie oder Heimat). Vielmehr im paradoxen *Zwischenort* des Designs auf den *Bürgerkrieg* in der Gestaltung selbst hinweist, um ihn zugleich paradigmatisch zu entschärfen. Design ist daher Ursprung des gestalterischen Konflikts und des Bürgerkriegs (der im eigenen eingerichteten Haus herrscht) wie *an-archisches* Paradigma der Versöhnung im ‚glücklichen Gebrauch‘. Im Design findet also ein einheimischer Krieg *(oikeios polemos)* statt, der *innerhalb* des Designs um das ‚gute Design‘ und um die ‚gute Lebensform‘ selbst geführt wird. Unbewohnbar ist dieses designte Haus bis heute, weil die alten, *vertikalen* Gewalten im neuen, *horizontalen* Design übergegangen sind und darin verheerend weiterwirken (jetzt als strukturelle und systemische). Dergestalt, dass die neuen Designer am eigenen Leib einen Opfergang zelebrieren. Design als Herrlichkeit (glorreicher Glanz) und Verherrlichung (poietisches Vermögen) der ökonomischen Macht führt so vom ‚guten Design‘ weg und zeugt dadurch von der *Inkompetenz* des planetarischen Demiurgen. Zugleich aber auch von einer *resistenten Designkompetenz,* die das glorreiche Zentrum der archischen Designmaschine zu deaktivieren weiß. Das heißt 1) Zum wirklich neuen Design gelangt man nur vom alten aus. 2) Das alte Design beschreibt die Gestalt des planetarischen Unwelt-Schöpfers, der in seinem Werk die eigene Denaturalisierung, Desubjektivierung und Dehumanisierung betreibt. 3) Der *Gebrauch* ist sowohl im hyperkulturellen Hier- und Überallsein als auch im konservativ-bewahrenden Pol der Designmaschine ‚dialektisch‘ verschwunden, aber nur um sich darin wieder zu *reaktualisieren.* 4) Der wirklich neue Gebrauch ist so radikal anders, dass er vorerst nur in der poietischen *Widerstandspraxis* des Designers (individuellen wie kollektiven) als Modell und Paradigma einer neuen sozial-politischen Praxis erscheint.

Die genuine Tätigkeit des Designers meint daher ein paradoxes Gestalten: das Nichtgestalten zu gestalten, *fähig zu sein, die eigene poietische Maschine unfähig zu machen, sie zu deaktivieren.* Die Aufgabe des Designs muss daher genau dort wiederaufgenommen werden, wo das gegenwärtige neoliberale, autoritäre oder pseudokritische Design von der *Idee* des Designs sich abwenden, um durch Veränderung (progressiv) oder Bewahrung (regressiv) die *Ungestaltung* und Ver*und*inglichung der Welt zu betreiben. Denn wenn es stimmt, dass wir diese *verkehrte* (diabolisch-dämonische) Gestaltung der Welt erst einmal wahrnehmen und begreifen müssen, was kann dann eine solche *Einsicht* noch weiter bedeuten? Die Designmaschine des universellen Unwelt-Schöpfers ist nämlich nicht *die Sache selbst,* vielmehr eine Gestalt der Totalisierung, um in der Banalität des Designs „bösartig" zu werden – so wie einmal Eichmann, d. h. ein absolut banaler Mensch (H. Arendt) sich von den Gewalten des mythischen Rechts zum Bösen hat verführen lassen. In deutlichem Kontrast zur diabolischen Geste des *Un*welt-Designers steht heute die widerständige Kraft des genuinen Designers, der die planetarische Unwelt-Designmaschine durch seine ‚minimale Differenz' deaktiviert und außer Kurs setzt. Diese ‚minimale Designdifferenz' ist nicht der konformistische oder der nonkonformistische (pseudokritische) Treibstoff, der die rasende Designmaschine immer weiter vorantreibt – so noch in Žižeks Metaphysik der Kontingenz, der die ‚minimale Differenz' als eine Geste der Enttotalisierung des Gegners begreift, dabei aber auch die ‚Dialektik' von Kontingenz und Notwendigkeit, von Freiheit (modern) und Knechtschaft (archisch) übersieht. Vielmehr meint sie die Geste der *Totalisierung* und zugleich die Geste der *Enttotalisierung des Designgegners* (die irrende, instrumentell-poietische Intelligenz), der heute in seiner kreativen Designmaschine alles Design konfisziert und in sich selbst verkehrt *(diabolē)* hat. Deswegen geht es im Design nicht darum, das Kreative immer weiter voranzutreiben, sondern vor allem darum, *das Nicht-Schöpferische hervorzubringen.* Die Übel der Designkrankheit müssen alle zutage treten, das Krankheitsbild des Designs muss aktuell und potenziell vollständig sein, sodass hier kein Rest neuer Möglichkeiten des planetarischen Unwelt-Schöpfers mehr übrig bleibt.

Der Mensch ist somit nicht ontologisch, sondern durch seine eigene, historisch-gesellschaftliche, ontische Designmaschine in den eigenen, nutzlosen Designmüll ‚geworfen', und nur so stellt er heute das design-ontologische, ökonomisch-theologische, menschlich-göttliche Dispositiv dar.[1] Jedes Design

---

[1]Diese ontisch-ontologische Verschränkung bringt dann auch die Positionen von Badiou und Rancière wieder zusammen: „Man kann Rancière folgendermaßen zusammenfassen: (…) Für Rancière gibt es keine andere Ausnahme als die epochale, historische. Für mich gibt es keine andere Ausnahme als die unendliche." (Badiou 2015, S. 237). Diese „Ausnahme" ist aber im Design sowohl eine historisch-endliche als eine ontologisch-unendliche. Und zwar meint sie darin den Imperativ: „Gestalte!" Die Ausnahme ist daher zunächst das endlich-unendliche Dispositiv, und die wirkliche, politische Ausnahme des Designs besteht dann darin, diese ontisch-ontologische Designmaschine zu deaktivieren und damit das historisch-überhistorische Geheimnis zu lüften, um Design zu einer Gabe ohne Rückkehr zum Gebenden machen.

gründet daher auf sein Nicht-Design, womit die alte mythische, metaphysische, ontologische und theologische Voraussetzung der Welt damit auch ontisch geklärt ist. Dann aber bleibt im Design nur noch die Frage nach der Eliminierung *dieser menschlich-göttlichen Voraussetzungen* übrig (die zwei *Hauptimperative,* nicht *Hauptnarrative*), womit Design wieder an den alten *apophantischen* Diskurs (des Wahren, Schönen, Gerechten und Richtigen) sich anschließt, der sich ja einmal ebenso von den *archischen Voraussetzungen* (Götter, Gott, Dämonen, magische Mächte) frei wissen wollte. Deswegen besteht heute das ‚Kunststück' des Designers darin, die Zerstörung seiner eigenen planetarischen Designmaschine zu überleben. Erst der schöpferische *Widerstand* gegen das Zentrum der glorreichen Designmaschine stellt das paradoxe Nicht-Können, die Unwirksamkeit der Designmaschine aus und nimmt zugleich in der *Designmitte* die Verweigerung des Gebrauchs zurück. Dergestalt, dass hier einerseits das design-ontologische Designdispositiv deaktiviert wird, andererseits aber zugleich die *anarchische* (herrschaftslose) ‚Design-Gabe' ohne Rückkehr zum Gebenden wieder aktiviert wird. Das Paradoxon des Designs liegt also darin, das dies im selben Moment, wo es auftritt zugleich sich selbst annulliert. Es ist ein Design ohne Investition, ohne Perspektive auf Rückkehr in die alte Form von Praxis, Besitz und Aneignung, wodurch dem Gestalterischen seine unverdorbene *an-archische* Reinheit im neuen Gebrauch wiedergegeben wird. Ein Design, das uns heute zu unbedingter Verantwortung gegenüber der Welt und uns selbst verpflichtet und in der Gestaltung zum höchsten Opfer (das *Gesetz* des archisch-designten Hauses) bereit ist, um zuletzt, in einer absoluten Asymmetrie, der *Idee* des Designs als der ‚unantastbaren Würde des Humanen' zu dienen. Dieses Design ist dann dasjenige, was als *an-archische* Tätigkeit in der *Mitte* des Designs übrig bleibt, wenn man vom archischen Schöpfungsakt, vom Geschaffenen und vom Werk des planetarischen *Un*welt-Schöpfers abzieht und auch noch bestreitet, dass das, was in den Intervallen des Designs ästhetisch, informatisch, logizistisch, algorithmisch, operativ, technologisch, poietisch, kommunikativ, ökonomisch verschwindet, bloß ein menschlicher oder gar göttlicher Schöpfungsakt sei. Eben, gegen dieses schöpferische, menschlich-göttliche Dispositiv richtet sich heute die *Designresistenz,* die nicht mehr im vornehmen Ort einer gestalterischen Machtinszenierung stecken bleibt. Vielmehr diese doxologische Designmaschine stoppt, um dabei *alles Design in seiner Mitte zu anarchisieren.* Denn Design ist nicht der säkularisierte Triumph des universellen Unwelt-Schöpfers, den heute ein globaler (Emanzipation) oder ein lokaler Designer (Bewahrung) davontragen; in ihren progressiven oder regressiven Unwelt-Schöpfungen zeugen sie vielmehr von der eigenen kreativen *Inkompetenz.* Aber dadurch auch von der Kompetenz in der Designresistenz, die durch die *Enttotalisierung* des monarchischen (globaler

Marktkult) und polyarchischen (mythisch-lokale Bindung) Gegners den neuen
Gebrauch wieder ermöglicht. Eine ‚gute Form‘, die das ‚gute Leben‘ *(to eu zēn)*
ist und ein ‚gutes Leben‘, das seine ‚gute Form‘ ist. Damit steht die gegenwärtige,
universale *Ungestalt* des Designs zur neuen, ‚guten, schönen und wahren Gestalt‘
im absoluten Gegensatz und zugleich in einer eigentümlichen Nachbarschaft. Es
ist die designpolitische Aufgabe, wo der Designer die eigene Designmaschine bis
zum Punkt ihrer Nichtaktivität treibt, dabei auch Design von den alten, archischen
Zwängen befreit, um im ‚glücklichen Gebrauch‘ erneut heilsam, anarchisch-
gestalterisch (ohne Herrschaft) zu wirken.

Was Sie aus diesem *essential* mitnehmen können

- Design ist ein modernes Gestaltungskonzept des Industriezeitalters, das gerade darin auf seine archäologischen Wurzeln zurückweist.
- Design ist eine gestalterische Praxis, die zwar von den imperativen Mächten konfisziert ist, darin aber auch das gemeinsame Paradigma bildet, das für die Tiefen der ‚Natur' wie für die Höhen der ‚Kultur' steht.
- Design als Widerstand will die Verweigerung des Gebrauchs beenden.
- Design ist die Freiheit vom alten, archischen Design (die Verweigerung des Gebrauchs) im an-archischen Design selbst (neuer, möglicher, kollektiver Gebrauch).

© Springer Fachmedien Wiesbaden GmbH, ein Teil von Springer Nature 2019   47
S. Arabatzis, *Archäologie des Designs und Systematik der Designtheorien,*
essentials, https://doi.org/10.1007/978-3-658-23456-0

Literatur

Adorno, Theodor W. 1977. Funktionalismus heute. In *Gesammelte Schriften*, Bd. 10.1, Hrsg. Rolf Tiedemann. Frankfurt a. M.: Suhrkamp (Erstveröffentlichung 1965).

Agamben, Giorgio. 2005. *Profanierung* (dt.). Frankfurt a. M.: Suhrkamp.

Aicher, Otl. 1989. Visuelle kommunikation. Versuch einer abgrenzung. In *Visuelle Kommunikation. Ein Design-Handbuch*, 2. Aufl, Hrsg. Anton Stankowski und Karl Duschek. Berlin: Reimer.

Arabatzis, Stavros. 2004. *Versenkung ins Äußere. Elemente einer Theorie der Mode*. Wien: Passagen.

Arabatzis, Stavros. 2018a. Der neue Gebrauch der Dinge. Mode und Textiles als Statthalter eines neuen Gebrauchs. In *Textile Texte* (Festgabe für Marita Bombek), Hrsg. Wolfgang Hasberg, Carl August Lückerath, und Joachim Koch. Regensburg: Schnell & Steiner.

Arabatzis, Stavros. 2018b. Μέσων. Das Dazwischen als paradoxer Ort der universellen und partikularen Kultur. In *Handbuch der Medienphilosophie*, Hrsg. Gerhard Schweppenhäuser. Darmstadt: Wissenschaftliche Buchgesellschaft.

Aristoteles. 1874. Über die Dichtkunst. In *Werke in 7 Bänden, griechisch und deutsch*, Hrsg. Franz Susemihl. Leipzig: Scientia.

Aristoteles. 1989. *Metaphysik*, neuntes Buch, IX 1, 1046a4ff, Hrsg. Horst Seidl, 3. Aufl. Hamburg: Meiner.

Badiou, Alain. 2015. *Das Abenteuer der französischen Philosophie seit den 1960ern* (dt.). Wien: Passagen.

Bataille, Georges. 1975. Der Begriff der Verausgabung. In *Das theoretische Werk. Die Aufhebung der Ökonomie*, Hrsg. Gerd Bergfleth, Bd. I. München: Rogner & Bernhard.

Baudrillard, Jean. 2006. *Die Intelligenz des Bösen* (dt.). Wien: Passagen.

Benjamin, Walter. 1991. Über den Begriff der Geschichte. In *Gesammelte Schriften*, Hrsg. Rolf Tiedemann und Hermann Schweppenhäuser, Bd. I. 2. Frankfurt a. M.: Suhrkamp.

Bloch, Ernst. 1977. *Geist der Utopie. Zweite Fassung*, Frankfurt a. M.: Suhrkamp (Erstveröffentlichung 1923).

Böhme, Gernot. 2008. *Ethik leiblicher Existenz: Über unseren moralischen Umgang mit der eigenen Natur*. Frankfurt a. M.: Suhrkamp.

Bolz, Norbert, und David Bosshart. 1995. *Kult-Marketing. Die neuen Götter des Marktes*. Düsseldorf: Econ.

Borries, Friedrich von. 2016. *Weltentwerfen – Eine politische Designtheorie*. Berlin: Suhrkamp.

© Springer Fachmedien Wiesbaden GmbH, ein Teil von Springer Nature 2019

S. Arabatzis, *Archäologie des Designs und Systematik der Designtheorien*, essentials, https://doi.org/10.1007/978-3-658-23456-0

Brandes, U., M. Erlhoff, und E. Schemman. 2009. *Designtheorie und Designforschung*. Paderborn: Fink.

Brock, Bazon. 1977. *Ästhetik als Vermittlung. Arbeitsbiographie eines Generalisten*, Hrsg. K. Fohrbeck. Köln: DuMont.

Brock, Bazon. 2008. *Lustmarsch durch das Theoriegelände – Musealisiert Euch.* Köln: DuMont.

Derrida, Jaques. 2005. *Chōra* (dt.). Wien: Passagen.

Habermas, Jürgen. 2002. Auf schiefer Ebene, Ein Gespräch mit Jürgen Habermas über die Gefahren der Gentechnik und neue Menschenbilder. *Die Zeit,* 20. Januar.

Hegel, G.W.F. 1970. *Phänomenologie des Geistes, Theorie Werkausgabe*, Bd. 3. Frankfurt a. M.: Suhrkamp (Erstveröffentlichung 1807).

Heidegger, Martin. 1994. Einblick in das was ist. Bremer Vorträge 1949. In *Bremer und Freiburger Vorträge* (Gesamtausgabe), Hrsg. Petra Jaeger, Bd. 79. Frankfurt a. M.: Klostermann (Erstveröffentlichung 1949).

Kant, Immanuel. 1956. Kritik der reinen Vernunft. In *Werke in zehn Bänden*, Hrsg. Wilhelm Weischedel, Bd. 4. Darmstadt: Wissenschaftliche Buchgesellschaft (Erstveröffentlichung 1787).

Konnesmann, Ralf. 2003. *Kulturphilosophie zur Einführung*. Hamburg: Junius.

Krämer, Sybille. 2018. Medialität und Heteronomie. Reflexionen über das Botenmodell als Ansatz einer Medienphilosophie. In *Handbuch der Medienphilosophie*, Hrsg. Gerhard Schweppenhäuser. Darmstadt: Wissenschaftliche Buchgesellschaft.

Marquard, Odo. 1983. Politischer Polytheismus. In *Religionstheorie und Politische Theologie. Der Fürst dieser Welt. Carl Schmitt und die Folgen*, Hrsg. Jacob Taubes, Bd. 1. München: Fink.

Marx, Karl, und Friedrich Engels. 1966. Manifest der kommunistischen Partei. In *Geschichte und Politik 1*, Hrsg. Iring Fetscher, Bd. III. Frankfurt a. M.: Fischer (Erstveröffentlichung 1848).

Mauss, Marcel. 1990. *Die Gabe* (dt.). Frankfurt a. M.: Suhrkamp.

Menke, Christoph. 2013. *Die Kraft der Kunst*. Berlin: Suhrkamp.

Negri, Antonio. 2009. *Goodbye Mir. Socialism. Das Ungeheuer und die globale Linke* (dt.). Berlin: Tiamat.

Novalis. 1996. *Fragmente vermischten Inhalts*. In *Werke in zwei Bänden* (Fragment 232), Hrsg. Rolf Toman, Bd. 2. Köln: Könemann (Erstveröffentlichung 1798).

Sapper, Richard. 1993. Der Design-Prozeß. In *Werkzeuge für das Leben*, Hrsg. Uta Brandes. Göttingen: Steidl.

Schelling, Friedrich Wilhelm Joseph von. 1985. *Philosophie der Mythologie* (Ausgewählte Schriften), Bd. 5. Frankfurt a. M.: Suhrkamp (Erstveröffentlichung 1842).

Schlegel, Friedrich. 1978. Athenäums-Fragmente. In *Kritische und theoretische Schriften*, Hrsg. Andreas Huyssen. Stuttgart: Reclam (Erstveröffentlichung 1798).

Schweppenhäuser, Gerhard. 2016. *Designtheorie* (essentials). Wiesbaden: Springer VS.

Sloterdijk, Peter. 2005. *Im Weltinnenraum des Kapitals*. Frankfurt a. M.: Suhrkamp.

Sloterdijk, Peter. 2010. Einleitung. In *Der Welt über die Strasse helfen. Designstudien im Anschluss an eine philosophische Überlegung* (Schriftenreihe der Hochschule für Gestaltung Karlsruhe), Hrsg. Peter Sloterdijk und Sven Voelker, Bd. 5. München: Fink.